JN213349

業者じゃないからここまで書けた！

不動産投資をぶっちゃけます!!

南 祐貴（セカニチ）

ダイヤモンド社

・ は じ め に ・

初めまして。この本を手にとっていただきありがとうございます。

わかりやすい投資・お金・経済・政治・株・不動産の知識を日々発信している[セカニチ]こと南 祐貴と申します。経済作家／SNS 発信者(総フォロワー数は 10 万人超)／新聞 PR 大使／セミナー講師などの活動をしています。

私は不動産マニア・再開発マニアです。23 歳〜 28 歳（新卒 5 年目）までに不動産の購入 3 回、売却 1 回、リノベ 3 回を経験しました。今でも投資や経済が好きすぎて、24 時間／ 365 日、世界中のマーケットを見続けています。今後もガンガンと買い足す意向です（不動産も、株も）。**東京都心の再開発はほぼ全て頭に入っており**、歴史や背景など誰よりも深く愛を語れます。

私は生まれてからずっと貧乏でした。実家の最寄りは小さな駅・徒歩 25 分・とても古い団地・家族「5 人」48㎡暮らし。自分の部屋は当然存在せず、22 歳まで狭いリビングに次男と三男 (私) で布団をしいて寝ていました。

お金へのコンプレックスが昔から強くあり、「どうやったらお金持ちになれるのだろう？」と小中学生の時から疑問を抱き続けていました。

「貧乏から脱出したい…。お金がほしい…」と考えた私は、新卒 3 年目で年収 1000 万円がもらえる有名大手企業に就職しました。**結果、お金の苦しみが消えることは無く**、幸せにはなれませんでした（後述）。

やはり大切なことは、勤務先などの第三者に依存しすぎずに、**自力で稼ぐ**ことです。最終的に行き着いた結論が「株」「不動産」でした。

なぜ私は「不動産の発信」をするのか？ 不動産の大きな特徴は何か？株などと異なる要素は、大きく 3 つあります。

①**大きなローンが引っ張れる**（＝レバレッジが効く）

→手元資金が無くても、自分の信用力だけで数千万円の投資ができる。

②**リスクを最大限潰す**ことができる（自分の努力次第で）。

③**再開発**の情報は**無料公開**されている（合法）。

つまり「不動産」には**お金持ちになるヒント**が凝縮されていることに気付

きました。私が現在保有している不動産の価値は総額 10 億円を超えます。

　人生で幾度とはない**不動産の購入**。「良い不動産を選びたい！」は、誰でも同じ思いです。そんな重要な場面に直面する皆さまに、**セカニチの経験や知識**を提供させてください。地雷物件（落とし穴）・路線のパワー・再開発の将来性など、私は膨大な情報を頭に叩き込んできました。不動産マニアとして「業者じゃないからここまで書けた！　不動産投資をぶっちゃけます‼」をモットーに、誠実に書かせていただきます。

　【皆さまとのお約束】不動産の強引な営業など一切ありません。別の商品（保険など）に誘導することもありません。不誠実な行為をしません。「正直であること」を誓います。負の側面も包み隠さずお伝えします。

　本書の制作によって、業界の関連企業（不動産会社／建設会社／工務店／金融機関…等）からセカニチは 1 円も利益を受け取っていません。

　私は **10 年間で合計 1000 人以上の不動産の相談**に乗りました。**本書 1 冊で体系的に不動産の知識をインプットできる**よう整理しました。セカニチの知識と経験を凝縮した**不動産の極意**です。セカニチ＆ゆん恒例の可愛いイラストも **60 枚以上**用意しました。**有益な情報**を厳選した超大作のまとめです。

　皆さまの**幸福な不動産ライフを心から応援**しています。皆さまが素晴らしい不動産と出会えますように。「不動産の正しい知識」＝ **一生使える財産**となります。ぜひ私と一緒に、**一生モノの財産を手に入れましょう**。

《オススメの楽しみ方》前 2 作『世界一面白くてお金になる経済講座』（セカ本①）『未来がヤバい日本でお金を稼ぐとっておきの方法』（セカ本②）もお手元にご用意いただくと、本書を 2 倍深くお楽しみいただけます♪

《**本書で登場する「用語」**》
◎**不動産投資**：自分が住む家を購入することを不動産投資と呼ぶのかは人によって判断が分かれます。本書では、資産を増やす活動＝投資と定義します。なので自分が住む家（住宅ローン）の購入も、広い意味で不動産投資に括っています。
◎**会社員**：勤労者のこと。公務員なども含む。文字数の節約のため本書では「会社員」と統一します。
◎**銀行**：金融機関は無数にあり、信用金庫、信用組合、ノンバンクなど、名前を挙げると終わりがありません。文字数節約のために「銀行」と統一します。金融機関は無数にある（約 900）と覚えてください。
◎**金利**：属性が良い方は金利 0.3％で住宅ローンを組める時代です。しかし、現実や安全性を見て、住宅ローン（変動金利）は 0.5％〜 1.0％ほどの前提で進めます。投資用ローンは 1.8 〜 2.5％を想定しています。
◎**好立地**：多くの人から需要があるという定義です。都道府県は関係なく、多くの人から求められれば土地の価格は上がります。詳しくは第 3 〜 5 章などで解説します。
◎**本書のスタンス**：「最大限ローンを組もう」「不動産は買えるだけ買おう（住む用でも投資用でも）」です。セカニチは一貫して「長期保有」を推奨。短期の回転売買は非推奨。不動産も長期保有で家賃収入を得て、子に相続し続けるのが最善策だと考えます。不動産は、相続税の対策にもなります。詳細は税理士にご相談を。

contents

第2章　まだまだ上がる「都市部の不動産」

第3章　都市部＆好立地は発展する【全国再開発マップ】

 第4章 不動産とはブランドである！「モテ」を狙え

 第5章 不動産は《恋愛》と同じ「理想」と「現実」に正しく向き合う

第6章 不動産投資の落とし穴
（地震・浸水・築年数・勧誘・詐欺など）

第7章 「日本人＆会社員の特権」を活かせ 《ローン攻略法》

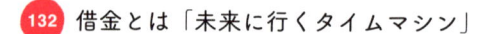

第8章 「不動産購入」の流れ（住む用＆投資用）

第 **1** 章

不動産投資の初歩

普通の会社員でも

怖くない！

「5000万円の利益」を目指す！
こんなに儲かる不動産投資

突然ですが、皆さまに質問です。

Q, 私たち全員が必ず持っている《強力な武器》とは何でしょうか？

A, 《時間》という資産です。
大切な時間をどこにどう使うかで、**人生に大きな差**が開きます。

不動産＝【時間のゲーム】です。
・ゲームのルールを理解すれば、「誰でも」「必ず」勝てるはず！
・正しい知識を持てば、リスクを最小化しつつ、35年後に「利益 +5000万円」
の不動産（＝ 純資産）を手に入れられる！
…と、セカニチは確信しています。

年収500万円以上の会社員／公務員であれば、「**再現性**」が必ずあります。
普通の会社員でも、年収によっては**3軒以上の不動産**を買える方もいるので、
利益 +1億円の資産を余裕で狙えます。

Q.《不動産投資》と聞いて、
どんなイメージを持ちますか？

「家賃収入で一生安泰！　不労所得！」
「タワーマンション！　都市部＆好立地！　再開発で価値アップ！」
「自宅が値上がりして、利益 +5000万円を GET ！」
…など、夢が広がるキラキラした言葉たち。

好立地＆強い駅であれば、**大規模な再開発**がほぼ確実にあります。

例：東京都心→「5大ターミナル駅」＋「森ビル」＋「湾岸エリア」

▶ ①新宿、②渋谷、③池袋、④東京駅＆日本橋、⑤品川＆高輪ゲートウェイ、
⑥麻布＆虎ノ門＆六本木、⑦湾岸エリアなど、歴史的な再開発が進行中。

▶ 東京都の好立地は他にも多数あります。また、東京都「のみ」に絞っても、
再開発アリの地名 / 駅名を挙げたら無数にあります。

▶ 目立った再開発（東京都のみ）
例：赤坂・新橋・銀座・有楽町・浜松町・田町＆三田・北品川・大井町・五反田・
大崎・秋葉原・上野・神宮外苑・原宿＆表参道・築地・月島・勝どき＆豊海・
豊洲・北千住・蒲田・中野・羽田空港アクセス線（仮称）・臨海地下鉄新線・
豊住線 (有楽町線 延伸)・品川地下鉄 (南北線 延伸)・蒲蒲線 (新空港線)…
など。

もちろん**東京都**「**以外**」でも。強い好立地＆再開発エリアは**日本国内に多数あります**。

　特に《JR》に最注目です。皆さまがお住まい／ご出身の 47 都道府県のターミナル駅を思い浮かべてください。

　日本全国の［**都市部**］とは？→**横浜＆川崎・さいたま・千葉・船橋・大阪（梅田）・名古屋・札幌・福岡・神戸・京都・仙台・広島**…など。**強い中心地（好立地）＆ターミナル駅は、将来も人が集まり続け、不動産価値が上がり、未来は明るいです。**

※ 埼玉県→大宮駅＆さいたま新都心駅＆浦和駅＆川口駅＆和光市駅、石川県→金沢駅、福岡県→博多駅＆西鉄福岡 (天神) 駅＆小倉駅…など、他にも無数にあります。

※「都市部」とは？：政令指定都市＋中核市の上位のイメージ。
　定義は「政令指定都市」「中核市」などで検索をお願いします。

「47 都道府県の強い中心地（好立地）＆ターミナル駅は人口が増え、不動産の価値が上がり、今後も発展する！」と私は強く確信しています。

「黄金の立地」とは？

　私は 13 年以上も不動産マーケットを見続けてきました（22 歳〜現在）。その長い経験から、値上がりする立地＝【黄金の立地】と私は定義します。本書のキーワードである「黄金の立地」。どんな立地を指すのでしょうか？

答え ▶ 強い好立地＆ターミナル駅の中心的な改札から徒歩 15 〜 20 分圏内

※かつ Not 地雷物件（第 6 章参照）

　価値が上昇する《不動産のキーワードは 5 つ》です。
「①再開発」・「②人口増加」・「③満員電車の回避」・「④子育て環境」・「⑤Not 地雷物件」。　※詳細は後述（右図参照）

　さらに質問です。
Q.「X 駅 徒歩 7 分」と「Y 駅 徒歩 15 分」の物件、大きな価値があるのは？

「**黄金の立地**」をつかもう

「**強い好立地＆ターミナル駅**」の中心的な改札から「**徒歩15〜20分**」圏内

再開発　　人口増加　　満員電車の回避

進学　　　　就職

子育て環境　　Not 地雷物件

〔エリアNo.1の〕タワマン

〇〇駅

成功する人

将来も人が集まり続ける

何も
していない…

失敗する人

→残念ながらこの質問は**不完全なもの**です。

　実は**《駅のパワー》**は、不動産投資において**超重要**だからです。

［小さい＆弱いＸ駅から徒歩７分］↔［大きい＆強いＹ駅から徒歩15分］

　この両者を比べると、「**後者の大きい＆強いＹ駅の方が将来性も明るく価値が高い！　黄金の立地だ！**」と私は強く実感しています。

　なぜなら、**大きい＆強い駅＝再開発**が行われて、**人口増加**が見込まれ、**不動産の価値が上がる**からです。**満員電車を回避できる徒歩通勤**（＋雨天時はバス利用も可）に**強いニーズ**があります。※詳細は後述

　要するに「**駅徒歩７分以内＝全てＯＫ**」ではありません。強い駅もあれば、**弱い駅もあるのが現実**です。

　これは**《経済格差》**という**悲しい構造**です。強い好立地は値上がりします

が、裏を返すと、強い好立地 "以外" は、**人口減少＆過疎化＆土地余りにより、**資産価値的には厳しい将来になります…。石川県を例にすると、**JR を中心に金沢駅周辺は発展**して価値が上がりますが、県全体では高齢化 / 人口減少で**厳しい経済状況になるのは避けられません。日本中の他の県でも同様の悲しい事象**が起きています。資本主義社会に抗（あが）って、**地方衰退**（高齢化 / 人口減少）の悲しい流れを止めることは不可能でしょう。

　本書で繰り返し出てくる「**都市部＆好立地**」「**大きい＆強い駅**」「**黄金の立地**」の考え方は**非常に重要**です。

> ＜大きい＆強いターミナル駅の目標 ※あくまで理想論＞
> ◎複数路線が乗り入れている。
> ◎各停以外も停車する（急行など）。
> ◎乗降客数ランキングで上位に食い込む。
> ◎エリアを代表する企業 / 商業施設（or 将来の再開発）がある。

　目標にすべき大きい＆強いターミナル駅の定義は第 5 章で述べます。ぜひご参考にしてください。

「タワーマンション」って凄いの？

　実は、不動産のキーワードの 6 つ目に「**ランドマーク性の高い、エリア No.1 のタワーマンション**（以下、タワマン）」も挙げられます。P.15 のイラストに小さく薄く書いてあります。「**地方 / 郊外**」だとしても、エリア No.1（+ 交通利便性◎）のタワマンは、強い需要＆値上がりが狙えます。

　ただし、残念ながら、**東京郊外・神奈川・埼玉・千葉…等でも、億ションどころか**「**2 億ション**」も既に当たり前の世界になっており、1 次取得者（初めて不動産を買う一般層）には現実的ではありません。皆さまが億ションを買える高所得層なら、**第 8 章にてタワマン解説もしますので、**併せてご参考ください。でも本書が「タワマンを買える所得の人は、好立地タワマンへどうぞ」が結論になってしまうと、読者の皆さまへの**再現性**がありませんね。セカニチの発信 / 書籍は常に再現性にこだわっており、「**非タワマン**」でも**成功することを目標**にしています。

どうせプロには勝てない？

【黄金の立地】＝手に入れるには非常に難易度が高いです。

　[好立地] ＋ [理想を叶える条件] ＋ [Not 地雷物件] を買うのは、不動産のプロでも難航します。が、その分、**得られる利益は大きい**。

　「正しい知識＋強い気持ちがあれば、《初心者でも》黄金の立地を手に入れられる！」と、私は実感しています。

　私は 13 年以上の不動産投資の経験の中で、**一般的な会社員 / 公務員が不動産で大成功する姿**を何百人も見てきました。正しい行動あるのみです。

　今こそ、勇気を出してください。皆さまも必ず成功できます。

儲かっている人は本当にいる？

【結論】「儲かっている人が多数いる」は事実です。

　不動産ガチ勢のセカニチは、今まで《1000 人以上》の不動産購入の相談に乗りました。年収 700 万円の一般的な会社員の不動産が、**たった 2 年で含み益 +500 万円**になった例も多数。中には**たった数年で含み益 +3000 万円**になった人も…！ 20 ～ 30 代の若者（会社員）が、**都心＆好立地のタワマンを買って含み益 +1 億円**になったケースも多数。「2 年間、ただ住んでいただけ」で、**宝くじレベルの大きな利益**を得ている普通の若手会社員がいるのです。

　「**お金儲けの最大化**」を目的とする場合。
→**都市部＆好立地のタワマン一択！** となります。

　これは 3 大都市（東京・名古屋・大阪）だけではありません。例えば、**北海道では札幌駅の中心地（黄金の立地）のタワマン**も当てはまります。ただし、都市部＆好立地タワマン投資＝**所得や資産が大きい方に限定**されてしまいます。繰り返しますが、これでは再現性がありません。本書では**非タワマンでも不動産で成功を目指す皆さまを応援**します。

不動産のローン（借金）はリスク？

「借金は怖い…」という認識は**誤り**です。正しい価値のある物件を手に入れれば、その**借金は資産**となります。**実は**、日本の不動産ローンは**世界ぶっちぎり No.1 の良い条件**（後述）。低金利・フルローンは、**世界で最も恵まれています**。活かさないともったいない…！

不動産の成功に向けて、以下の「4つのポイント」を押さえましょう。もちろん努力は必須ですよ。　※詳細は後述

1.**比較はタダ**：サボると大損。
2.**負債は資産になる**：ローン≒嬉しいもの。
3.**立地が命**：買った瞬間に勝負が決まる。
4.**街の再開発**：情報は無料で公開されている。

【正しい借金】と【正しい物件選び】を行いさえすれば、**不動産投資は最もリスクの小さい投資だ！**と私は感じています。

本書では実際に不動産を購入して、人生が幸福になった方のインタビューを掲載しています。不動産購入は誰しもが悩むことです。成功者（20 代・会社員・女性）の声をぜひ参考にしてください（第 4 章 参照）。

【結論】10 年前から**不動産は値上がり**していますが、まだ間に合います。
都市部＆好立地の不動産価格は、まだ「**お得だ！　買いだ！**」という状態です。※黄金の立地 +Not 地雷物件に限る

世界中の都市部では、日本より早くインフレが進行しています。世界中に目を向けて、各国の物価を相対的に見ると、**日本のインフレ進行はこれでも遅い**。他国と同じく、**今後、日本もインフレが進行することは必然**です。都市部＆好立地の不動産の価値が上がるのも自明です。**時間を失ってから後悔しても遅い**のです。まさに Time is money。**今なら、チャンスが残されています。**

「日本の好立地の不動産」
→世界中から注目されるのはなぜ？

Q. 日本の都市部 & 好立地の不動産が世界中の富裕層から好まれる理由は？
→大きな理由は5つあります。

☑ [安定的な利回り]：人口集中＝空室リスクが低い
☑ [将来性]：大規模な再開発が多数ある
☑ [技術]：耐震技術は世界No.1 ※新耐震基準
☑ [文化]：治安・歴史・四季・自然・食などが優れている
☑ [割安感]：歴史的な円安 → 他国と比べてお得

富裕層・外国人は日本の好立地のマンションを買い続けています。外国人にとって、円安が進行したことで、日本の不動産がお得な買い物・魅力的な投資商品となっています。

　円安が進んだ結果、外国人投資家の需要が急上昇。「円安」と「日本の不動産」の関係は非常に重要です。実は、「円安」は私たち日本人にとっても、不動産投資のチャンスです。【正しいローン】【正しい物件選び】ができれば、私たちは将来 +5000 万円以上の資産を GET できるでしょう。
　都心の不動産価格は上がっています。日本の不動産に何が起きているのか。私たち一般層が今すぐできる対策とは？　一緒に学びましょう。
　円安×不動産については客観的なデータを用いて第2章で深く解説します。
　まず、我々が最優先に理解するべきは「行動しないリスク」です。

人は必ず家に住む。【衣・食・住】

　衣・食・住は、1 万 2000 年前の縄文時代でも、100 年後の未来でも必要とされます。
　人は「必ず」服を着るし、人は「必ず」食べるし、人は「必ず」家に住む。地球上に人類が存在する限り、不動産の需要が消滅することはありません。100 年後も 500 年後も、人類は「必ず」不動産を必要とします。
　つまり、正しい知識さえ持てば、不動産投資は怖いものではありません。
　正しい努力をすれば、将来に向けて需要が高まり続ける人気の好立地・モテ物件【＝黄金の立地】が手に入ります。

「世界 No.1 の楽園」に住む私たち（日本人）！

　この文章を日本語で読んでいる日本人の皆さま。不動産投資においては、出生ガチャの大成功者です。おめでとうございます。

具体的にどういうことでしょうか？　世界最大の経済国アメリカと対比しましょう。日本とアメリカのローン事情は大きく異なります。もし、アメリカでローンを組もうとすると…。

◎アメリカ：大きいローン不可。頭金を 30％以上入れないと基本的にはローンは組めません。日本の 20 倍以上の高い金利がかかったり…。
◎日本：頭金をあまり出さずに大きいローンが組める（勤務先・所得・資産背景などの社会的な信用がある前提）。しかも超〜低金利。

　大きいローン＆超〜低金利という、神の好条件は、世界中の国を見ても日本だけ。日本国内の金融機関の皆さま、いつもありがとうございます。
　実は、私たち日本人は世界 No.1 の楽園にいます。生まれながらの成功者・日本人の皆さまが「良い権利」を持っているなら、フルで活かしましょう。

　年収が高め（目安：500 万円以上）の会社員／公務員は、源泉徴収という仕組みで、自分の意思とは無関係に多額の納税をしています。例えば夏のボーナス。6 〜 7 月頃に振り込まれると、約 20 〜 30% は税金関係で持っていかれますよね…。多くのお金を納税している皆さまだからこそ、実は有利な枠を持っています。銀行から見たら、皆さまは上位 1 〜 2 割の優良顧客・特別な存在です。なのに、不動産ローンの優良枠を使っていない人が…!?　相対的に損をしています。　もったいない…！

不動産の成功法は？

「特別な魔法」は存在しません。「学歴／頭の良さ」も一切関係ありません。

　　成功者の共通点は？
◎行動をコツコツ：わずかなスキマ時間を見つけてでも行動。
◎信用をコツコツ：信用貯金を継続（多額の納税、クレカ滞納なし等）。株など（NISA 含む）でコツコツと金融資産も増やす。日々を誠実に過ごす。
　不動産の成功＝継続的な行動の差です。

「やってみたい！」…その前に注意⚠

　しかし…！「甘い話」だけではありません。不動産投資には、ネガティブ**な側面**もあるのは事実です（第6章 参照）。

　正しい知識を持たずに、**不動産会社の言いなり**で、ダメ立地のダメ不動産を購入すると？ →**買った瞬間から大損が確定**します。
　世の中には**悪徳な不動産会社**が無数にいます。間違った価格で不動産を掴まされ、大損をさせられ、「**借金＝悪…**」「**不動産＝怖い…**」と誤認してしまう人が多数います。「**正しい知識**」で、「**正しい価値の物件**」を、「**正しいローン**」で**購入する人が増えてほしい！**というアツい情熱を込めて、セカニチは本書を執筆しました。

不動産における「最大のリスク」とは？

【結論】「行動をしないリスク」です。
　では最初に、「不動産を持たないリスク」を把握しましょう。
　実は、正しい行動をしていないだけで、あなたは毎月、お金をドブに捨てています。どういうことでしょうか？

　カップル2人（ゆうし君とドルコスちゃん）は、賃貸の物件に月15万円の家賃を払って同棲中。この場合、「**180万円/年**」をドブに捨てていることになります。例えば、この賃貸生活を5年間続けると？ →**合計900万円**ものお金を失うことになります。

　賃貸に払うお金は**資産になっていません。ドブにお金を捨てている状態。株式投資（株や投資信託）で、小さな元本から5年間で +900万円の利益を「必ず」獲得するのは、経済オタク/投資のプロのセカニチでも難しい**。ですが、**正しい不動産の知識があれば、5年間で +900万円**も得できる見込みです。

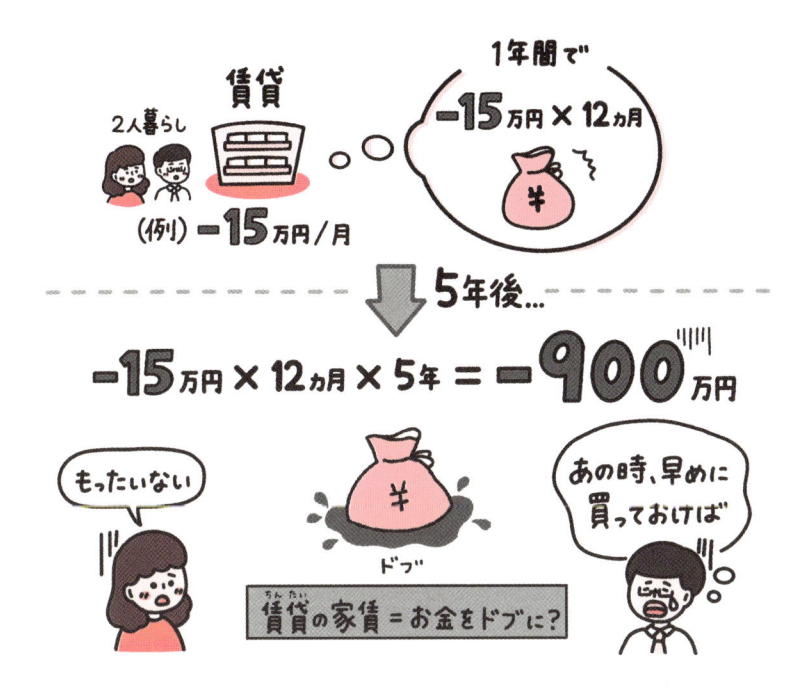

▼ 15万円/月の賃貸に住んでいる人
　5000万円の不動産を買おう。変動金利0.6%・35年の住宅ローンは月13.2万円の返済。管理費・修繕積立金が約1.5万円。合計で約15万円/月。

▼ 12万円/月の賃貸に住んでいる人
　4000万円の不動産を買おう。変動金利0.6%・35年の住宅ローンは月10.5万の返済。管理費・修繕積立金が約1.5万円。合計で約12万円/月。

※「ローン返済 シミュレーション」で検索：毎月の返済額を計算するサイト（CASIO）

「持たざる」リスク

　会社員として多くの納税をしているのに…、不動産ローンを組まずに賃貸のまま暮らしている…？→あなたは**時間**という**資産**を捨てています。

　時間を捨てる＝**命を捨てている**。毎年、納税しているならメリットをフル

で活かしましょう。

　実は、筆者のセカニチ自身もこの事実を知らずに、**港区・赤坂と東麻布の 1R/1K に賃貸で一人暮らしをして、「月 10 万円以上の家賃」をドブに捨てていました。**皆さまには私と同じ後悔をしてほしくないので、不動産のSNS発信をしています。

※「家賃を支払う側」ではなく、「家賃を受け取る側」になりましょう。なぜ、私は不動産に興味を持ったか？→ 20 代で賃貸一人暮らしの経験→知らないおじさん（不動産オーナー）の資産形成を手伝っていた？　嫌すぎる…笑（第 8 章 参照）。

　第 2 章で述べる「インフレ」の発生は深刻。「若者の人生設計が狂うレベル」です。同棲・結婚・出産・子育て・教育など…。**不動産は人生設計に大きく関係しています。**もったいない現状維持から、今すぐ脱しましょう。

△住宅ローンを「組まない」場合：家賃＝ドブ
◎住宅ローンを「組む」場合：家賃＝**資産**

物件をどう選ぶ？

　ここで、**不動産選びの大前提**を共有します。
「価値観やライフステージは人それぞれ」

　どんな不動産のプロでも、皆さまの人生にとって 1000％完璧な選択肢を提示するのは不可能です。人それぞれ、条件や価値観がバラバラすぎるため、不動産を探しているご本人（あなた）ですら、**自分の本当の価値観に気付いていない**からです。

　だからこそ、皆さま自身の**過剰な考えすぎ（そして行動しない…）**は、**無意味・もったいない行為**です。

　サボらずに徹底的に比較検討をすること。そして**最後は「エイヤー！」**と決めてしまうしかありません。（第 8 章 参照）

　売主も正解が分からないから、基本的には**物件価格はノリと勢い**で決めています。「言い値」で決める以外の方法がありません。

不動産関係者なら全員が知っている「収益還元法」「IRR（内部収益率）」などの物件価格算出の基本的な考え方もあります。（気になる方は検索を）が、直近では好立地の不動産【＝黄金の立地】に関しては、**収益や利回りなどの計算式を無視して物件価格が上がっています。もはや論理や計算式は無意味**なのです。

※ この話は黄金の立地 & Not 地雷物件に限った話です。そして、この状況でも実はバブルではありません（第2章 参照）。

　売主もいくらで売れるか分からないから**手探り**になります。例えば**最初は8000万円**で売りに出して、徐々に200万円ずつ値下げする…というケースなどもあります。初心者でも「たまたま」ラッキーな歪みを見つけることもできると私は信じています。

利益を生み出す黄金の羽根の 「歪み」とは？

不動産投資の利益はどう生まれる？

答えは「歪み」です。私の好きな橘玲(たちばなあきら)さんの本には「歪みが利益になる」と書いてあります。歪みは道に落ちている黄金の羽根であり、多くの人にスルーされます。

その黄金の羽根に気付き、**早く拾った人だけが利益を得る**ことができる。黄金の羽根は世の中にたくさん落ちているのに、なぜか皆が気付いていません。だからあなたが正しい価値に気付いたなら、黄金の羽根を拾いましょう。橘さんの本は最高なのでぜひ読んでください！

[参考] 『新版　お金持ちになれる黄金の羽根の拾い方　知的人生設計のすすめ』(幻冬舎文庫)

利益はどう生まれる？ 「歪み」とは？

不動産における歪みとは【銀行の審査】と【売主側の焦り】です。銀行の審査は【人】と【物件】の２つの大きな柱を見ています（第7章参照）。売主側が焦って安くすることもあります。

◎ 超〜強気の価格でも**サクッと売れる**こともあります。**相続や決算の関係で「今すぐ現金を使いたい人（だから高く買う）」**はいます。個人だけではなく法人も。黄金の立地であれば、**ファンド・法人の現金買いの需要も多数**あります。※今、分からなくても大丈夫。皆さまが40代以上になったら理解できます。

◎ 超〜弱気の価格でも**全く売れない**こともあります。早く売りたいから値下げされることもあります。例えば、「**株で大損したから、今すぐ現金が欲しい（＝だから安く売る）**」「**本業の事業投資に使いたいから不動産を今すぐ現金化したい（＝だから安く売る）**」という層も一定数います。

つまり、不動産は**運の要素も強い**です。これが「**歪み**」ですね。

大前提

- ● 価値観・ライフステージは、人それぞれ

うーん
うーん
時間の損失

- ● 考えすぎても意味がない。
  ## 公式も正解もない。

再開発 ◇
（黄金の立地） ＋ Not ◇
地雷物件 ＝ ？

- ● 未来予測 ＝ プロでも不可能

ムリ！
不動産のプロ

　売主側が「早く売ってスッキリしたい！　思い切って300万円下げて、7000万円にしよう！」という奇跡の瞬間に、**不動産の初心者がタイミングよく遭遇**することもある。プロでも初心者でも、条件は同じでフェア。もちろん**買う側も正解はわからない**。だから、たくさん内覧をして比較検討をしたなら、**最後は自分の直感と勢いを信じて買うべき**。つまり、# 最後は感情。

　物件ごとに事情がバラバラすぎて、不動産のプロでも正解は分からない。「自分は不動産の初心者だし、知識も無いし、未来は予測できないから…」と諦めないでください。**発想が逆です。**

　未来の不動産価格が予測不可能だからこそ、初心者がプロに勝てる。

　唯一、確実に言えることは、とにかく「早く」不動産購入を始めた人が得をするということ。あなたが不動産の初心者であれば、「早さ」で市場平均に勝ってください。

不動産の極意

1、比較はタダ

サボる人は成功しない！

2、負債は資産

ローンが増える＝嬉しい

3、立地が命

都心の好立地

買った瞬間に勝負が決まる

4、街の再開発は重要

Before 築40年　After 新築

デベロッパー　ドーン！！　再開発

全て無料公開

🔍 新宿　再開発

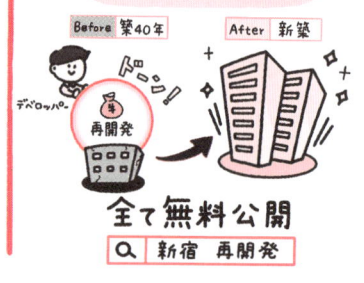

覚えてほしい！　不動産の極意！

最初に、基礎の考え方となる《4つの不動産の極意》を紹介します。

◎「住む用」の不動産

◎「投資用」の不動産（人に貸す用）

どちらにも共通する4点です。

1. 比較はタダ

比較をサボる人は絶対に不動産で成功しません。不動産会社への問い合わせや資料請求は**タダ**。電話やメールは**無料**です。当たり前のことをサボる人が不動産購入で成功するわけがない。比較せずに買う人が驚くほど多い…。

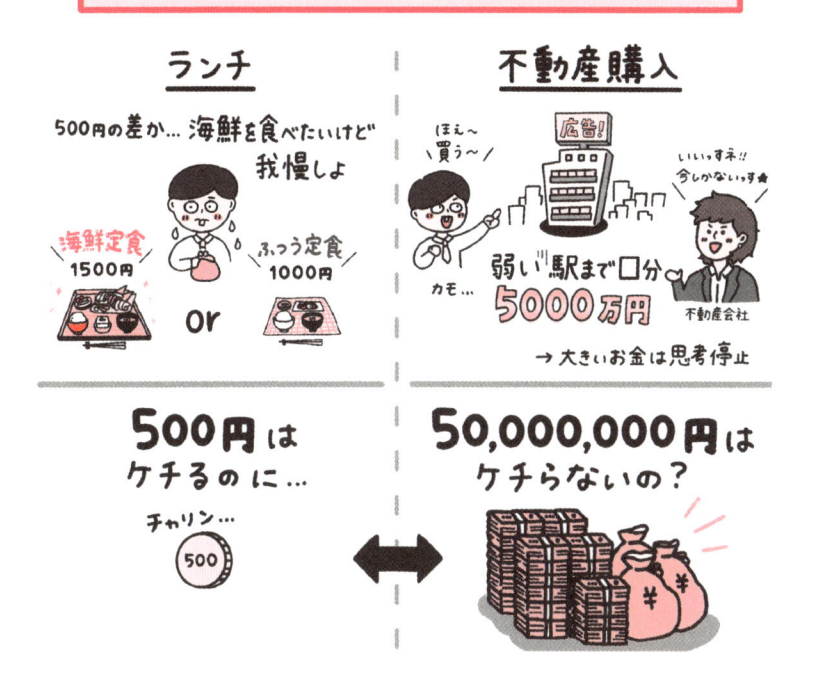

毎日のランチでは「500円」をケチるのに、「50,000,000円」の不動産はケチらない?! なぜ?!?!

　一般的には、**日本人は真面目**と言われるでしょう。しかし**真面目エネルギー**の方向性が間違っています。

☑ 細かいお金（クーポン / スーパーの特売）は得意。

☑ 大きいお金（不動産や生命保険）は思考停止。不真面目。相手の言いなり。カモになる。

　「500円」と「5000万円」、どちらが大きいか？ ランチ代の細かいお金ではなく、大きい金額の買い物に真面目エネルギーを使うべきでしょう。Time is money です。
　カモになるのは、日本人特有の「相手のことを信じすぎる」という性格も

原因ですね。自分の人生を大切にするなら、相手を疑いましょう。善意の仮面をつけた悪者に騙されないように。(第6章 参照)

2. 負債を作っても資産は得られる

P.18で書いたとおり、正しい使い道のローンが増えることは、**資産が増えること**を意味します。徹底的に比較検討をして、**市場で最も良い物件**だと確信したら、大きいローンを組めるべく努力をするべきです。たくさん納税しているなら、その**社会的信用**を活用すべし。

3. 立地が命

もし「お金を増やしたい」が最大の目的であれば、**強い駅＆好立地【＝黄金の立地】**の物件しか買ってはいけません。人気の立地であれば、**長期視点では資産価値が上がっていきます**（歴史が証明しています）。

不動産は文字通り "不動" の資産。買った瞬間に勝負が決まります。
比較検討を徹底的にした人は、**一生お金を生み出し続けるマネーマシン**が手に入ります。

4. 街の再開発は重要

【黄金の立地】は、大手デベロッパーが大金を注ぎ込んで再開発を行う傾向が強い。その再開発地の周辺に「不動産を持つ」＝**大手デベロッパーがバラまく再開発マネーの数百億円・数千億円の一部を拾える**。

再開発が行われると**街の価値**が上がり、**不動産価格が上がります**。セカニチが人生を懸けている高輪ゲートウェイ〜品川の再開発。これは**JR東日本が5800億円と社運を懸けて行っている日本最大級の再開発**です。数年前には電通ビル売却の**3000億円**が国内最大級と、大ニュースになりました。つまり**JR東日本の5800億円**の金額が、どれだけ巨大な規模か分かりますね。
もし高輪ゲートウェイから徒歩圏内で不動産を保有したら？ **JR東日本が再開発マネーの5800億円をバラまくので、そのうちの一部を拾えるという**

※出典:共同通信."高輪再開発、工事現場を公開　JR東、25年春開業"Yahoo！ニュース、2024年3月6日

ことです。このチャンスを逃してはいけませんね。

　Googleで検索すれば、**再開発情報は「無料」で見ることができます。**

　無料でできる検索をサボってはいけません。

注：**再開発が無いと仮定しても需要が強い好立地を選びましょう！**

　理由→（可能性は低いが）時には再開発が**延期**になったり中止になったりすることも？

→より詳しい「再開発の解説」は別章で行います（第3章 参照）。

毎月いくらの支払い額で、物件価格はいくらになる？

【住宅ローン早見表】超ざっくり理解！

- 月10万円 → 3200万円
- 月12万円 → 4000万円
- 月15万円 → 5000万円
- 月18万円 → 6000万円
- 月21万円 → 7000万円
- 月24万円 → 8000万円
- 月27万円 → 9000万円
- 月30万円 → 1億0000万円
- 月36万円 → 1億2000万円
- 月42万円 → 1億4000万円
- 月48万円 → 1億6000万円
- 月54万円 → 1億8000万円
- 月60万円 → 2億0000万円
- 月66万円 → 2億2000万円
- 月72万円 → 2億4000万円

※35年ローン・変動金利0.5%・フルローンの前提。
※管理費、修繕積立金も込み。
あくまでも「概算」です。ざっくり理解するために使ってください。
最終的には必ず正確なシミュレーションをしてください。

第2章

まだまだ上がる「都市部の不動産」

「世界 No.1 の値上がり」を記録した国 / 都市は？

皆さまに 2 つの質問です。

Q. **不動産が世界で最も値上がりしている都市（国）は？**

→**なんと「東京」です。**

〈順位〉**1 位：東京**、**2 位：大阪**、3 位：シドニー、4 位：シンガポール、5 位：ソウル、6 位：台北、7 位：ホーチミン、8 位：ニューヨーク

※ 値上がり「率」であることにご留意ください。不動産価格のランキングにすると、当然アメリカの NY や LA の中心地などがトップになります。
[値上がり率ランキングの出典] 東京マンション価格、世界最大の上昇率　オフィス賃料も　世界 15 都市（2024 年 10 月時点、日本経済新聞）

Q. 「**不動産（好立地）の値上がりはバブルで危険」でしょうか？**

→**答えは「No！」** …と、セカニチは確信しています。

※ 立地の要素は非常に大きいです。都市部＆好立地の高級物件はバブルだと感じません。が、郊外＆悪立地には値下がりの危険性があります。

　世界の主要都市の中心部と比べて、日本の都市部＆好立地の不動産価格 / 賃料は「安くてお得」「国際水準では、**日本の好立地の高級物件は依然として割安だ**」と各メディアや調査機関が報じています。右図を御覧ください。他国に比べて「まだ割安」という客観的なデータが得られています。

　実際、NY の中心地のワンルーム（14㎡）の家賃は、なんと驚異の《**36万 5000 円！**》です。東京都心でも 14㎡であれば家賃は 6 〜 7 万円程度では。不動産の相場が《**5 〜 6 倍**》も違うのです。日本の都市部＆好立地の不動産は昔から比べて上がっていますが、まだ**割安**だという意味が容易にご理解いただけるでしょう。この他にも、他章で述べる数々の要素を鑑みると「**日本の不動産はまだまだ上昇余地が残されている**」と私は確信しています。本質的には、「**不動産の価格が上がったのではなく、○○の価値が落ちている**」→○○とは何でしょうか？

　東京＝世界 No.1 の値上がりについて、覚えておくべき**注意点**もあります。

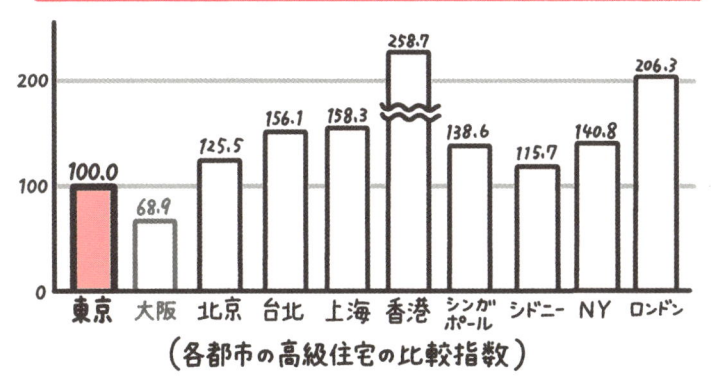

日本の高級マンション ＝ まだ 割安

（各都市の高級住宅の比較指数）

(注)港区元麻布のマンションを100として価格を比較、円建て。（2024年10月の東京・元麻布地区=100.0）
※参考：日本不動産研究所より作成

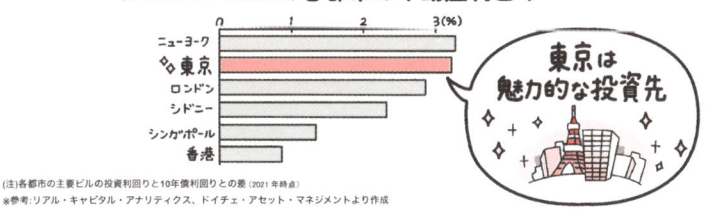

（借り入れコストを考慮した）**各都市の不動産利回り**

東京は魅力的な投資先

(注)各都市の主要ビルの投資利回りと10年債利回りとの差 (2021年時点)
※参考：リアル・キャピタル・アナリティクス、ドイチェ・アセット・マネジメントより作成

→「東京」と言っても**非常に広い土地**です。東京都内は地価に《**大きな格差**》があります（**良い立地**もあるし、**悪い立地**もある）。平均数字への値上がりインパクトが大きく、不動産価格を引き上げているのは**東京都心の上位11区**（P.79 ランキング参照）の好立地マンションだと私は実感しています。

　要は「東京が世界 No.1 ！＝東京であれば**何でも OK ！」ではありません**。東京 23 区内ですら**大きな格差**があります。更に補足すると、東京 23 区において「上位 11 区は全て OK ！ 下位 12 区は**全て NG ！」**（P.79 ランキング参照）**ではありません**。大都心・新宿区だとしても、良い不動産と悪い不動産があります。全ては「**物件 / 立地による**」「**ケースバイケース**」です。正しく理解しましょう。

【結論】需要が強く希少性が高いモノが値上がりし、ありふれたモノが値下がりする。非常にシンプル＆本質的です。

[参考] 不動産投資、円安で活況　利回り世界的に高く（日本経済新聞：2022 年 7 月 13 日）

値上がりする《2つの要因》は？ 「①：再開発」と「②：○○」

不動産価格の値上がりには《2つの要因》があります。

●**要因①**：「**再開発**」▶ 2023年11月に東京都港区・麻布台ヒルズが開業→周辺の物件価格は軒並み上昇。1K 23㎡の物件でも、3970万円→5200万円に値上がりしています（+1230万円）、「たった2年」で（P.129 参照）。

※「再開発」とは？：既存の都市や地域のインフラや建物を改良・更新するプロセス。具体的には、老朽化した建物の取り壊し、新しい建物や施設の建設、道路や公共スペースの整備など。再開発の目的には、地域の活性化、住環境の改善、経済活動の促進などが挙げられます。

●**要因②**：「**円安**」▶次項で詳しく解説します。

【**まとめ**】値上がりする《2つの要因》→①：再開発と②：<u>円安（通貨安）</u>

「円安➡インフレ」で 格差拡大の時代に突入

本書の大きな主張を、端的にまとめましょう。

【結論】**都市部 & 好立地は<u>値上がりする</u>。**

【理由】**①<u>再開発で価値 UP</u> ②<u>円安→インフレ</u>（建築コスト UP 等）**
→強い需要 & 将来性への期待。
→資産保有＝インフレへの正しい対策。
→富裕層 / 海外投資家は都市部 & 好立地を買い続ける。当然、値上がりする。

※ただし好立地でも地雷物件はある。正しく避けるべし（第6章 参照）。

現在、世界中がインフレ中。あらゆるモノの値段が上がっています。

インフレ発生の最大の要因は？→《世界最大のアメリカ経済の株高＝需要高》です。それに加えて、戦争／武力衝突等により、資源＆エネルギーの奪い合いが世界各地で起き、資源＆エネルギー価格も上昇しています。

現在進行中のインフレは、バブルでしょうか？→答えは No！

そもそも、アメリカには世界中で使われる強い産業（製品／サービス等）があります。その結果、アメリカドル（以下、米ドル）とアメリカの産業が世界各国から強く求められています（＝米ドル高）。

我々日本人も、NVIDIA の GPU 基盤の AI（ChatGPT 等）活用が生活に馴染み、iPhone 等の Apple 製品を使い、Microsoft を使い、Google 検索し、YouTube を見て、Amazon で買い物をし、Instagram や X を使い、Netflix や Disney プラスで娯楽を楽しみ、VISA/Mastercard や AMEX のクレジットカードを使っています。医薬や医療の業界でも外国企業は多数。

つまり、日本で普通に生活をするのにも、我々日本人は実質的に米ドルを支払っているのです。日本人は気付いていないだけ。サーバーの世界もアメリカ独占であり、日本人のあなたがスマホ/SNS/ インターネットを普通に日本国内で使っているだけでも、間接的に米ドルを"毎日"支払っています。詳しくは「デジタル赤字」「クラウド破産」等で検索を。ちなみにビットコイン等の暗号通貨ビジネスでもダントツの頂点に君臨するのはアメリカです。

「アメリカ経済一強」は揺るぎない事実で、他国は逆転不可能レベル。

その結果、アメリカ以外の国で相対的な「通貨安」が発生しています（→日本では円安）。アメリカの株高／需要高が世界中に広がって、先進国で物価が上昇しています。前述のアメリカ企業の製品／サービスは実際に世界中で使われており（＆あなたも毎日使っており）、根本的に「強い産業・強い需要」が存在するので、現在のインフレはバブルではありません。

※ バブルとは？：使われていない／価値の無いモノが異常に値上がること。

※ 需要が有る・多く使われている・価値が有るモノが健全に値上がりするのは経済的に当たり前であり、これはバブルとは呼びません。

※ 日本国内における「お金の総量」も増えている。詳しくは「お金、総量」で画像検索を。

全世界≒「アメリカ一強」の経済

　日本でも人気の「オルカン＝オールカントリー＝全世界株式」の日本株比率は、なんと《5%》しかありません。日本経済のプレゼンスが低い現実…。「全世界」とは、ほぼアメリカであり、**地球経済≒アメリカ経済**です。

　この現実を知っても、なお「アメリカはバブルだ」「アメリカを外す」「米ドルなんて持たない」「インフレなんて知らない」「現実から目をそらす」という判断は、**愚か**でしかないでしょう。本書を手にとってくださっている**賢明な読者の皆さまは、適切な判断が必ずできるはずです。**

※ オルカン / 全米 /S&P500 などの解説→［セカ本② P.136 参照］

※「もし不動産を買うなら、日本ではなく、アメリカの都市部 & 好立地の不動産を買えばいい？」という発想に至った賢明な読者の方へ。**非常に賢く素晴らしい思考法です。**…しかし、残念ながらほぼ**不可能です。**NY や LA 等の都市部 & 好立地の不動産を買うにはそもそも膨大な現金が必要で、日本の富裕層ですら資金の用意が難しいレベル。また、アメリカは普通の入国や旅行の長期滞在ハードルが高く、外国人への厳しい**制限・税制も存在し、再現性がありません。**「アメリカ不動産に投資できる！」という SNS 広告をたまに見るかもしれませんが、立地が悪く、**都市部 & 好立地では無いので危険です。**つまり、普通の日本人は NY や LA への不動産投資は不可能です。

※ アメリカの不動産ローンの金利は 8% 近くなので、やはりハードルは高い

　ところで、本書で**米ドル（通貨）が上がる本質的な理由**を知れたことで、日本国の危機である<u>円安の解決方法</u>も分かりましたね。

　そうです、**世界中で使われる産業が「日本産」であること**です。

　では、世界中で使われる産業が日本から生まれるのか？　→ 結論、**絶望的**ですね。日本経済復活のポイントは <u>「政治的な規制緩和」</u> と <u>「効率化」</u> であり… 現在の日本は健全な政治システムではなく…以下略（悲しい日本の現実。日本の政治がいかに腐敗しているか。長くなるので、続きはセカニチの日々の政治 SNS 発信をご参照ください）。

　我々が住む日本でも、**値上げラッシュ**が外食・スーパーの食品・ガソリン等に起き、インフレの悪影響を日々感じていますね。食品やガソリン等が値上がりする根本の理由→円安です。気付けば Netflix や Disney プラスも値上げされ続けて、新型 iPhone も高くて買えない。値上げによる家計へのダメージは、皆さまが日々実感になっている通りです。<u>全ての根本は「アメリカ一強」→「円安」→日本円の価値が下がっている</u>…なのです。

※ そもそも、なぜ「円安」になっている？ 理由・原因は？ 資源 / エネルギーと、為替の関係は？ 利上げは？正しい対策は？→かわいいイラストを多数用いて分かりやすく解説しています→［セカ本② P.20 ～ 35 参照］

物価は上がる

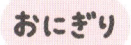   

0.05円 　物価2000倍 　100円 　1,5倍 　150円

投資をしないリスク

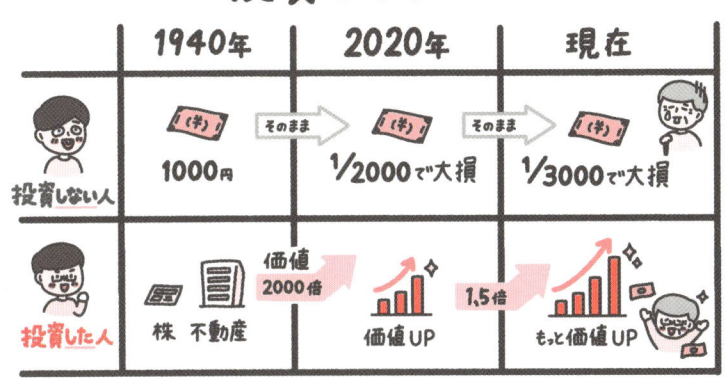

	1940年	2020年	現在
投資しない人	1000円	そのまま → 1/2000で大損	そのまま → 1/3000で大損
投資した人	株　不動産	価値2000倍 価値UP	1,5倍 もっと価値UP

インフレは「今だけ」じゃないの？

長期的視点では「**必ず**」物価は上がります。

　例えば、おにぎりの値段は、1940年→2020年で「**2000倍**」になりました。直近5年ほどでコンビニで買う食品も値上がりしていることでしょう。150円のおにぎりも当たり前の世界になっています。この流れは今後もっと進んでいきます。社会全体でインフレが進行する＝**歴史が証明済み**です。

　物価⇧ ＝ お金の価値⇩：「投資した人」と「投資しない人」で**大きな経済格差**が生まれました。社会のインフレが進み、あらゆるモノの値段が上が

り、当然、**不動産も値段が上がります**（上がっています。現在進行形）。

　不動産初心者の方は「大きな金額のローンを組むのは怖い…」と感じて当然でしょう。23歳のセカニチも同じように恐怖心を抱いていました。

　しかし、安心してください。正しい知識を身につければ、「**行動しない＝むしろ怖い**」と、誰しもが**正しく認識**されることでしょう。

　本質的には「**物価が上がったのではなく、【日本円】の価値が落ちている**」のです。これは「不動産」でも同じことが言えます。

　本質的には、

「**不動産の価格が上がったのではなく、【日本円】の価値が落ちている**」

　これが今の日本の不動産マーケットで起きていることです。

【結論】
「円安」は不動産投資のチャンス！

　東京23区の不動産価格は10年間で《2倍》になりました。

　不動産が爆売れ！　価格が**高騰**している事実（**客観的データ**）を紹介します。不動産経済研究所によるマンションの平均㎡単価を見ると、2014年から2024年の10年間の価格動向（平均㎡単価）で、**大幅に上昇**していることが分かります。

◎東京　23区：87.3 (2014年) ▶ **171.0** (2024年)【**+96%**】
◎首都圏全体：71.7 (2014年) ▶ **117.7** (2024年)【**+64%**】
単位：万円/㎡
※首都圏全体とは？ 定義：東京都、神奈川県、埼玉県、千葉県

　東京23区でも上位の「東京都心6区」（中央、港、千代田、渋谷、品川、文京）に絞ると、10年間の上昇率はもっと顕著になります。結論として「都心＆好立地」ほど値上がりしていることが客観的データから分かりました。

　また、私が興味を持ったのは、東京23区と首都圏の《格差》です。2014年に約1.2倍だった㎡単価の格差が、**2024年には約1.5倍に広がっているの**

です。

やはり、**都心＆好立地ほど値上がりしている**ことを意味しています。

不動産経済研究所の「マンション市場動向」は、誰でも無料で検索をして閲覧することができます。「年間のまとめ」をぜひご覧ください。

[データ出典] 不動産経済研究所「マンション市場動向」 https://www.fudousankeizai.co.jp/mansio
【ページの場所】トップ ＞ マンション市場動向 ＞ 過去情報一覧 ＞ [資料検索]
【検索のやり方】公開日の下限を 2010 年に設定→「首都圏　まとめ」で検索
（ちなみに「近畿圏」「建売住宅（戸建て）」などのデータも無料で公開されています。）

日本人だけでなく、**海外の富裕層や投資家からも日本の不動産が大人気**です。その理由は？→「お得だから」というシンプルな結論です。

日本は「奇跡の国」です。
そもそもの物価が安く、治安が良く、気候や文化や生活インフラも素晴らしく、**世界トップレベルで暮らしやすい**。それに加えて**歴史的な円安**が発生しました。日本円は 34 年ぶりのバーゲンセール中です。

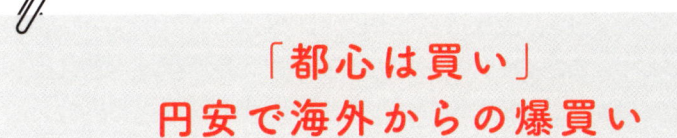

「良い国」かつ「安い」なんて、非常に**奇跡的な状況**です。「円安」という最高の時代を満喫していますか〜?! 素晴らしい円安の時代になりました！

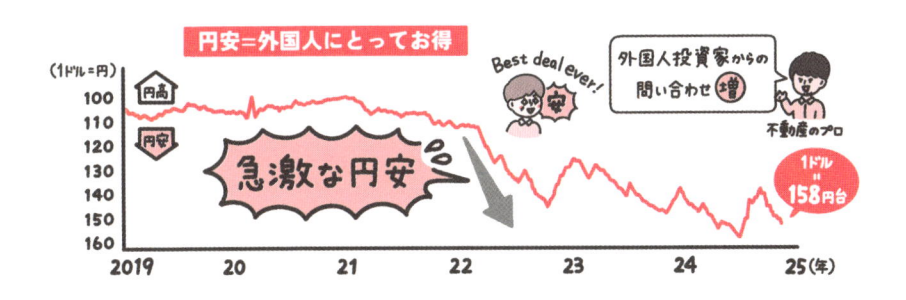

…（主に）**外国人にとって、は。**

　あれ？　日本人は？ 正しく知らないと、私たち日本人にとっては、円安＝**恐ろしいこと**です。

　円安が急速に進行したことで、外国人から見ると「**全てがゲキ安！ Best deal ever! Wow!**」という感じでしょうか。特に強い需要は、**東京都心＆好立地の不動産**です。約３億円のタワマン（港区）が売りに出されると…瞬時に複数件の申込みが入り、**瞬間蒸発的に売れてしまう**そうです。直近５年で「**２倍以上**」の価格になっている都心＆好立地タワマンも多数あります。

▽都心＆好立地のマンションが世界中から求められる理由
◎**安全性**が高い：空室リスクが低い
◎**流動性**が高い：需要がある→**すぐ売れる**
◎**収益性**が高い：世界中から人が集まる

　都心は空室リスクが少なく、**安定した家賃収入**が見込めます。

　都心には**再開発**が無数にあり、不動産価値が上る見込みです。人が最も集まる東京都心＝**投資対象**も東京都心。**観光**もほぼ東京に集中しています。「**ホテル代で稼げる！　儲かる！**」と分かれば、**好立地は奪い合い**になり、当然、**好立地の不動産価格は上がり続けて**いきます。

　外国からの**内覧ツアー・リモート内覧**で不動産を買う海外投資家も増加中。日本の都心＆好立地の高級不動産の情報を発信する**外国人 SNS インフルエンサー・SNS 広告**（海外メディア等）も非常に増えています。２億円以上の高級不動産には、**日本の不動産会社の SNS 発信**でも**外国語の翻訳がつく**ことも増えました。

　<u>６つの巨大ファンド</u>（世界的に超有名）が、「<u>日本の不動産は買いだ！</u>」と判断して、**実際に不動産を爆買い**しています。

　外国資本による日本国内不動産の購入額は 2024 年下期に約 1.6 兆円と<u>前年同期比「8 割」増</u>。2024 年通年では<u>約 **2.2 兆円**</u>（ニッセイ基礎研究所より）。

●**1.「PAG」（アジア系ファンド）：「1 兆 900 億円」を日本の不動産に投資**するビッグニュースが！

　PAG 社長は、日本の不動産市場に多額の資金を投じる理由を「<u>**日本の金**</u>

『都心』が人気

- **安定した利回り&信頼＝世界中から人気**

タワマン (港・渋谷・中央区)

3億円 (2~3LDK)

投資 (現金)

利回り＋将来性 ◎

空室リスク ↓

- **海外から殺到**

内覧ツアー　リモート内覧　インフルエンサー SNS/広告

- **観光客も『都心』に集中**

Tokyo

利水準は依然低く、不動産のバリュエーション（価値評価）の面でも非常に魅力的な市場だ」「円が変動する可能性はあるが、**日本は他の市場に比べて安定している**」と述べました。大型の商業不動産のほかに、数十億円規模の集合住宅（マンション）やオフィスなどにも投資する方針を示しました。

※出典：アジア系ファンドのPAG、日本の不動産に1兆円投資（日本経済新聞）

● 2.「ゴールドマン・サックス」：世界トップクラスの投資会社のゴールドマン・サックスは毎年、日本の不動産を買い続けています（双日とパートナー）。驚くことに商業ビルや大型施設ではなく、**住宅用**です。つまり、**我々が住む用のマンション等に投資をしています。投資額は2500億円。日本の不動産（住宅用マンション）は投資対効果が優れている！**という判断です。

※　出典：ゴールドマンと双日、住宅に年400億円投資　改装後に売却（日本経済新聞）
　　出典：ゴールドマンが日本の不動産投資を倍増、2500億円規模に―関係者（Bloomberg）

● 3.「ブラックストーン」（**投資会社**）：京都のホテルなど 8 物件を近鉄
GHD から買収。2024 年 12 月に西武ホールディングス(HD)の関連会社から、
「東京ガーデンテラス紀尾井町」（東京・千代田）を約 4000 億円で取得。
※［出典］西武 HD、赤プリ跡地ビル 4000 億円で売却　業績も上方修正（日本経済新聞）

● 4.「GIC」（**シンガポール 政府系投資会社**）：港区のホテルなど 31 物件を
西部 HD から買収。約 1500 億円。
※［出典］西武 HD、ホテルなど 30 施設売却　外資系に 1500 億円規模（日本経済新聞）

● 5.「KKR」（**投資会社**）：2024 年に、民事再生手続き中の不動産会社ユニ
ゾホールディングス系のホテル 14 軒を買収。
※［出典］KKR、ユニゾ系ホテル 14 軒買収　改装後に新ブランド展開（日本経済新聞）

● 6.「ガウ・キャピタル・パートナーズ」（**香港系ファンド**）：今後 2 年で
過去 2 年間の 6 倍超となる最大 5000 億円強を投じる方針。
※［出典］外資が不動産買い攻勢　ドル建て価格、円安で低水準（日本経済新聞）

　上記 6 つ**以外**にも、日本の不動産を爆買いしているファンド / 投資家は**他
にも無数にいます**。海外の富裕層や投資家は、億単位の購入を積極的に行っ
ています。もちろん「**現金購入**」の速いスピード感。日本人がローン審査を
している間に、「海外の現金勢に横取りされる」は、好立地の人気不動産**あ
るある**です。

日本の不動産投資額＝ 「海外投資家」 が過半数

　外国人投資家は**マンション・ビルごと購入**し、ホテルや民泊等をオープン
します。新型コロナウイルスからの**経済回復を予想済み**です。日本が緊急事
態宣言下だった 2020 年の時点で、東京都心のホテルは**既に**世界中の投資家
から**ビルごと買われていました**。新型コロナが収束して、円安が発生したら、
日本では訪日外国人ビジネスが儲かります。**世界中の賢い投資家たちは将来
を予想して、5 ～ 10 年後の大きな果実に向けて常に行動をしている**のです。
私たち一般層も負けていられませんね。

▽外国人の不動産ファンド幹部の談（**2020 年の春**）

富裕層は10億円以上
日本の不動産を爆買い

☑ 日本は安い

☑ ビルごと買う（マンション・ホテルなど）

スゲー

PAG	1兆900億円	→商業・マンション・オフィス
ゴールドマン・サックス	2500億円	→ マンション

☑ 主要都市の経済は伸びる！
（インバウンドなどで）

\UP/

「みんな日本のホテルを物色している。今から行列に並んでも、買えない」
「日本の不動産は海外投資家から人気だ」
「訪日外国人の流入が復活すればホテル需要は戻る。回復が見込める資産に投資しない手はない」

　需要が増えればもちろん…長期的視点で**価値が上がります**⇧

　富裕層の海外投資家は**マンションごと・ビルごと**まとめて買います。不動産の爆買いによって供給量が減り、**市場全体の不動産価格が上がっている**現状。ですが、日本は世界に比べてインフレ進行が遅く、**お買い得な状態が続いています**。これからも**日本の不動産インフレはジワジワと進みます。現在は、まだ"序章だ"**と私は確信しています。

東京（都心）は
世界的に優れた投資先

　外国人に人気の都心の不動産は実質的に《**米ドル建ての資産**》のようになっており、結果的に**円安/インフレの正しい対策**となります。円安が進行するなら、むしろ我々は「持たざるリスク」の恐怖を認識するべきです。

　私たち日本人は幸運です。東京という大都市のクオリティ・ポテンシャルを鑑みると、まだ安い！と私も確信しています。現在、世界中で不動産価格が上昇中。**日本**だけがインフレ進行が遅い現状で、**まだ割安**です。だから、世界中の投資家（アメリカや中国など）は、**日本の好立地の不動産への投資を好みます。将来の大規模な再開発等への期待**も込みです。長期的視点で日本の都心＆好立地の不動産価格は上がるという見込みです。

　私は不動産マーケットを 13 年以上も見ていますが、外国人などの投資家からの「爆買い」によって、2021 年の秋から不動産が急スピードで値上がりしている実感があります。このスピード感は過去にありません。不動産関係者たちみんながそう感じているはずです。もし円安が続くなら、この傾向もまだまだ続くと私は考えます。繰り返しますが、都心＆好立地はバブルではありません。※郊外＆悪立地は非常に厳しいです。

　日本には強い産業が無い＝だから今後も円安は進むのではないか…というシンプルな結論です。日本からアメリカに資金が流れる（**米国に強い産業があるから**）は当たり前であり、流れを止めることはほぼ不可能だと私は考えます。これは日本国にとって**絶望的な状況**です。

　日本経済のトップを走るソフトバンクG・孫正義氏はトランプ政権発足の翌日に《**約 78 兆円**》(5000 億ドル) もの大型投資を発表しました（2025 年 1 月）。AI 関連など米国に強い産業があるからこそ、78 兆円を 5000 億ドルに替えて米国に投資をします。ソフトバンクG だけではないですが、この流れのように、**日本からアメリカに資金が流れ続けます**。円が売られて米ドル

が買われる、「円安の流れ」への対抗は現実的にありえるでしょうか?

　ブラックロック債券部門の投資責任者は「**世界中のファンドには《約1400兆円》(9兆ドル)もの資金**があり、**待機資金 (Deposit) となっている。**さらに大企業は1兆ドル規模の自社株買いを実施中だ」と2024年末に発言(ブラックロック　グローバル債券CIO　リック・リーダー氏)。

　日本人・日本企業のみで**新たに1400兆円の投資**対抗策をとることは現実的に起こるでしょうか?　日本の全上場企業の時価総額の合計は1000兆円です。つまり**対抗できるわけがありません。**私たち日本人は、<u>米ドル資産(米国株など)を持つ</u>ことでしか対策ができません。日本人が米国株を買う流れがもっと加速した場合、<u>円安の更なる進行</u>を意味します。

「供給が足りていない」建築費の高騰 ←「強い需要」がある

「今ってバブル?」「買ったら暴落する?」

　【結論】バブルではありません。**現在の好立地マンションは、強い需要に**対して<u>供給が追いついていません。</u>強い需要があり、**供給が足りない状況は、**今後もまだまだ続きます。

※「バブル」とは?→**需要（実態）**と乖離して、異常に価格が上がりすぎる状態。もし需要が無いのに価格が上がっているなら、それはバブルと呼びます。需要が有るならバブルとは呼びません。

▽供給

・労働力不足:建設業の労働時間の上限規制（残業規制）が大きな要因。以前まで月200時間の残業対応も横行した建設現場だが、法改正によって、労働基準法の時間外規制ができて、労働時間に制約が発生。「人手を増やす」しか解決策がなく、その結果、人手の奪い合い＝人件費（建設費）の上昇が発生しています。※詳しくは「建設業　残業　規制」で検索。

　また「職人の高齢化（職人不足）」の一方で、「円安の発生」により外国人（技能実習生等）が日本の労働を避ける傾向も。

・鉄材・木材・コンクリートなどが**高騰**。円安も大きな要因。

・供給チェーンの混乱。輸送が遅延してトイレ等の建材が**高騰**。戦争・地政学的な緊張・原油高など。

・デベロッパーが**用地仕入れに苦戦**。地権者が売ってくれない。

※ 高層オフィスビル建築に使われる「軽量コンクリート」の原材料が不足している。供給業者は都心向けの物件開発に必要な量の半分程度しか出荷できない状態が続いている。大成建設が施工中のビルの工期を延長するなど、実際に建築への影響も出てきた。今後の企業のオフィス移転戦略の新たなボトルネックになる可能性がある。[参考] 都心高層ビル建築、軽量骨材不足が直撃　工期に影響懸念（日本経済新聞）

▽需要

・家にいる時間が増えた＝**購入意欲が拡大**。

（在宅時間 up ＆間取りや広さが気になった）

・**共働き世帯**がマンション販売価格を下支え。

・コロナ禍の収束によって出社回帰→満員電車を避けたい。

・データセンター、物流施設などの需要の増加。特に設備工の職人不足。

　以上から、好立地のマンションが供給過多になって値崩れするとは考えにくいのです。現在の好立地マンションは、供給過多とは「真逆」です。

　むしろ「売り渋り」の状態。人気の新築マンションでも各部屋の発売開始を細かく分割し発売を長期化。時間をかけてジワジワと値上げ。**時間が経つほどに価格は上がっています**。

　人気の都心＆好立地や、人気タワマンであれば、新築購入時から数年後に価格が上がることも多数あります。「都心＆好立地で条件が良い」という大前提に限り、新築という選択も有効です。

※「立地があまり良くない」「悪立地」は注意警報。悪立地の新築の不動産には「高値づかみ」の危険性があります（P.153 参照）。正しい知識・正しい対策をしましょう。

原価（建設費）の高騰は止まらない。
円安発生→資材と労働力の高騰

　建設資材の価格は高騰し続けています。詳細なデータは「一般財団法人建設物価調査会」が参考になります。建設資材と建設技能労働者の労務単価

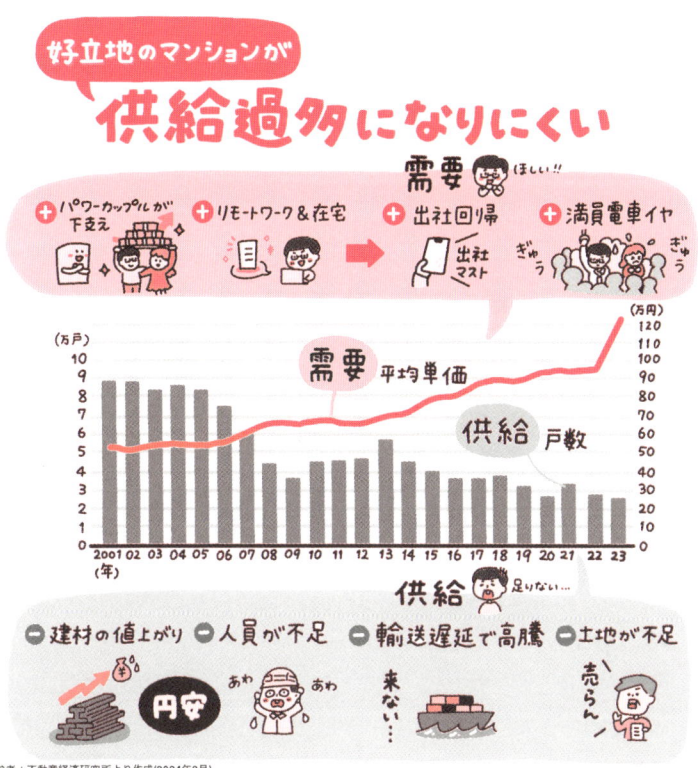

※参考：不動産経済研究所より作成(2024年2月)

のインフレ進行が一目で理解しやすいイラストがあったので紹介します(HP
参照)。絵はポップですが、恐ろしいインフレです…。

　詳しくは「建設資材物価指数グラフ」で検索をお願いします。https://
www.kensetu-bukka.or.jp/

　繰り返しますが、**不動産の価格が上がったのではなく、円貨の価値が落ち
ています。**あなたの人生・資産を守るために、不動産を通じた「自己防衛」
は必須です。

世界の先進国の不動産は？

①ニューヨーク

ニューヨークの富裕層の需要は止まるどころか、増え続けています。

約8億円(500万ドル)超の物件売買契約件数は1ヶ月で90件。2024年11月の高級住宅市場は**過去3年間で最も好調**。

不動産仲介会社コーコラン曰く「非常に強力な市場原理が組み合わさり、市場は眠りから覚めた。様子見姿勢だった**買い手は全力疾走に転じている**」

［出典］眠りから覚めるＮＹ高級不動産市場、富裕層が一転「全力疾走」に（Bloomberg）

②シドニー

シドニーと北海道は同じくらいの人口。シドニーの中心から電車で30分（15〜20kmほど）の不動産は、**50㎡ワンルームで5000万円**。築20年前後。

札幌駅から電車で30分、50㎡ワンルームが5000万円は、日本では考えられない金額でしょう。日本の4〜5倍？

外国人から見たら、**日本の不動産は安い**のです。更に、海外では普段の生活インフラ（電気ガス水道や交通など）が弱すぎる＆日本の都市部の交通／生活インフラが世界トップレベル！という事実もあり、日本の不動産が素晴らしく見えるのです。

日本でも富裕層向け物件の供給は不足しています。海外の富裕層は値段に関係なく「良いものを買う。値段が高くても関係ない」という考えです。

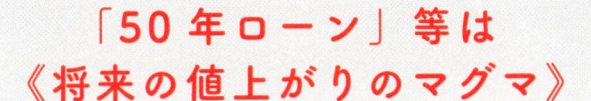

「50年ローン」等は 《将来の値上がりのマグマ》

● 20代の変化（→銀行の変化）

　20代の持家率が18.4％から34.7％に上昇。「共働き」で「夫婦ペアローン」が増えています（2人で年収1000万円を超える）。

[出典] マンション価格「都心はバカ高」なのに「20代の持ち家率」が増えている…その「驚きの理由」（マネー現代　講談社）

　人手不足・人材の奪い合いが起きている結果、若い世代を中心に賃金も上昇傾向。新卒採用の求人倍率が高まり、初任給の引き上げも徐々に起きています。優秀な人材を確保するため、若い世代の賃金がジワジワと上がっています。賃金が上がり、夫婦ペアローンが増えれば、まだまだ不動産価格が上がるポテンシャルを秘めています。

● NISA の普及

　NISAなどの投資商品が身近な存在になったことも大きい。

　「少しリスクをとって自分で資産形成をしないと、人生100年時代の老後があやうい。年金はあてにならない。自分たちで何とかする。資産としての住宅を持つことで将来に備える」という考えを持つ若い層も増えてきています。この流れはまだまだ一部の上位層のものなので、今後もっと一般的になれば、不動産価格上昇の要因になり得ます。

●親の援助 / 相続対策

　「相続税の対策」は非常に大きいです。気になる方は「不動産　相続税」で検索をお願いします。**「たんす預金のマグマ」**はまだ存在しており、これが不動産価格を上げる材料になります。

● 「50年ローン」の誕生

特に20代に増えてきました。50年ローンが一般的になると、融資が緩和の方向＝不動産価格は上がる流れになります（第7章 参照）。

●世界中に富裕層はまだまだいる

「お金はあるけど、都心に広い良い部屋がない。金額はいくらでも良い」と思っている海外の富裕層がまだいそうです。値上がりのマグマはまだ眠っています。

35年前の「日本のバブル崩壊」と今は何が違う？

現在のマンション価格が、35年前のバブル期を超えました。しかし、当時とは**決定的な違い**があります。それは**異常な低金利**です。バブル期の当時は、高金利で8％もザラであり、不動産の家賃収入(利回り)のバランスは崩壊していました。実態が無いのに価格が上がることをバブルと言いますね。要するに、現在とは全く違う状況です。

不動産コンサルタント 長嶋修氏（株式会社さくら事務所）は非常に信頼できる発信者です。現在の不動産価格の上昇がバブルでは無い理由が論理的かつクールに語られており、非常に参考になります。「長嶋修」でYouTubeを検索してください。

※ この18分間の動画は超オススメです（無料）。いつまで残っているかわかりません。消される前に見てください→「長嶋修　好立地」でYouTubeを検索▶（YouTube）【不動産転売】築浅物件が投資目的で売買？好立地マンションは高嶺の花？規制作りは必要？｜アベプラ

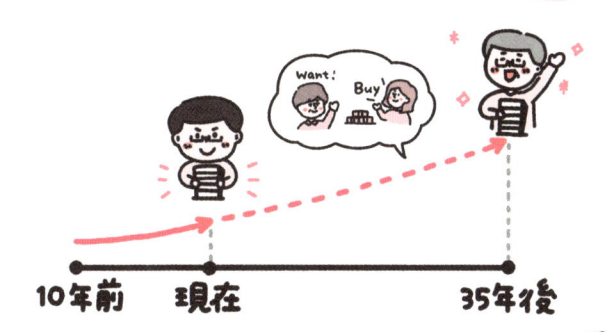

今がチャンス

海外と比べて日本の物価の上がりは遅い
→日本のインフレは、これからジワジワ進行

☑ バブルではない、Time is money 💰
☑ 『主要の都市部・好立地』に限る

逆に「バブルのサイン」は？ → 郊外 & 悪立地の高騰（現実的に起こるか？）

　郊外＆悪立地の不動産まで**暴騰**する。**不人気物件・空室物件**までも高騰したら、**それはバブル**です。

　しかし、そんなことは現実的に起こるでしょうか…。私は不動産マーケットを13年以上も長くウォッチしていますが、**不人気物件・空室物件**に銀行が融資をするでしょうか。明日から突然、**銀行の審査がユルユルになる**未来に実感がありません。立地が悪ければ、経年劣化とともに物件の価値が下がり続けます。**郊外＆悪立地**に逆転ホームラン劇は起こりません。

　要するに、今起きている都市部＆好立地の値上がりは、バブルではあり

ません。自分が買えないマンションが多くなると「バブルだ」と騒ぐ人が増えてしまうのが社会の現実…。私たちは「経済格差」から現実逃避をせずに戦うしかありません。

外国人投資家が狙う日本の高級マンションは「高級アート作品」へ

特に好まれるマンションは？
→高品質な建材や高いデザイン性が特徴です。

　不動産調査会社、東京カンテイ執行役員の井出武さんは「全ての住戸の間取りプランが異なり、『離れ』付き物件まであった南青山高樹町パークマンションのような物件は、もはや作品と呼ぶべきだ」と強調する。

[出典] バブル建築が人を呼ぶ　「効率より情熱」今こそ（日本経済新聞）

高級アート作品のキーワード → 「ホシノアーキテクツ」

　不動産といえば従来は「立地」と「価格」のみで判断されることがほとんどでした。しかし、海外富裕層が求める傾向を分析すると、「**デザイン性の価値(外観／内観どちらも)**」が高まっています。このトレンドは今後も加速するでしょう。高級不動産＝高級アート作品です。

　ホシノアーキテクツのデザインは他国と比較しても全く遜色ありません。代表の星野裕明氏は、歴史と芸術が集積するロンドン・近未来都市を形成するドバイでの経験を元に、最高の物件を日本に送り出しています。
　ホシノアーキテクツとは？　星野裕明氏が2012年に設立した日本を代表する建築設計事務所。国際的な経験を持つ建築家集団で、歴史、文化、気候の文脈を尊重しながら、未来の世代に向けた建築と都市デザインを創造する

ことを目指しています。

　星野裕明氏は、ロンドン、ドバイ、東京で建築設計の経験を積み、英国と日本の両方で建築士の資格を持っています。彼は 2000 年にホプキンス・アーキテクツのロンドンオフィスに入社し、2012 年には同社の日本代表に任命されました。ホシノアーキテクツは、住宅、ホテル、リゾート、商業施設、オフィスなど、有名な大型プロジェクトに多数取り組んでおり、日本だけではなく、中国、タイなどのアジア諸国で活動しています。

　秀逸なデザインが評価され、国際的な建築賞 Architecture MasterPrize 2024 を受賞。High Rise Buildings 部門（高層建築部門）にて、「パークコート神宮北参道 ザ タワー」が WINNER を受賞しました。

▽ホシノアーキテクツのデザイン哲学と技術力を示す代表作

①三田ガーデンヒルズ、②パークコート神宮北参道 ザ タワー、③パークタワー勝どき（グランドマリーナ東京）、④ LINE CUBE SHIBUYA (渋谷公会堂)、⑤東京ポートシティ竹芝 レジデンスタワー、⑥ミッドタワーグランド、⑦パークコート渋谷 ザ タワー、⑧パークホームズ駒沢二丁目、⑨パークリュクス虎ノ門、⑩パークタワー大阪堂島浜、⑪ブランズタワー大崎…など。

　そして…**「ザ 豊海タワー マリン＆スカイ」：日本を代表する超大型プロジェクト**。地上 53 階建ての超高層レジデンスで、**総戸数は 2046 戸**です。2027 年 8 月に入居開始予定。東京都中央区豊海町に位置する三井不動産レジデンシャルの新築・分譲マンションです（引き渡しは 2 年以上先）。

　2025 年以降も、不動産関係者たちが大きく注目する**東京都心・中央区・2046 戸という大規模・そして世界に誇れる素晴らしいデザイン性**。

　もう二度と現れないほどの**大きなプロジェクトであり、我々日本国民にとっては大きなチャンスです**。何も知らずに逃すのはもったいない…！

　「ホシノアーキテクツ」は建物やインフラを通じて、次代に残る**高級アート作品を生み出す日本を代表する素晴らしい組織**です。作品の美しさは言葉だけでは絶対に伝わりません。

詳しくは「ホシノアーキテクツ　プロジェクト」などで画像検索をオススメします。https://hoshinoarchitects.com/project/

※ マンションメディアで有名な「マンションマニア」年間 PV ランキングトップ 10 では、ホシノアーキテクツの作品（タワマン等）が上位に数多くランクイン。詳しくは「マンマニ　PV ランキング」で検索を。

ただし、ホシノアーキテクツの作品（不動産）は「1 億円以上が当たり前の世界」です。都心だと **3 億ション**も当たり前。そもそもお金持ちにならないと、お金持ちになれる高級不動産投資の**スタートラインにすら立てません**…（これが現実）。

今すぐ不動産に 1 億円以上を出せない方は、**現実的に可能な金額の不動産投資**を考えましょう（第 8 章 参照）。何もせず諦めるのは**もったいないです。海外投資家の爆買いの波・大型デベロッパーの再開発の波**に乗りましょう。今から**正しく行動する**ことです。まだ**間に合います！　不動産投資のチャンスは、私たち日本人（会社員）にも残されています。**

有名な建設物を手掛ける設計事務所は他にも多数あります。

例えば、アーキサイトメビウス（ARCHI SITE MOBIUS）、光井純アンドアソシエーツ建築設計事務所、隈研吾建築都市設計事務所、ミサワアソシエイツ一級建築士事務所…など。詳細は各事務所の HP 等の検索をお願いします。

この章では「バブルではない理由」を述べました。今後も発信を続けます。ハッシュタグ　**# これはバブルではない**、X で検索をお願いします。

第3章

都市部 & 好立地は

発展する

【全国再開発マップ】

Q. なぜ都心は発展する？
→ 【再開発】は超重要

資本主義社会は時間経過とともに効率化され、経済が発達し、地価・物価・株価も上昇します（インフレ進行）。例えば「渋谷」は30年後も50年後も需要が強く、値上がりするでしょう。これは歴史が証明しています。

【渋谷】：歴史を振り返ると、1960年代の高度経済成長の時点から、既に「渋谷」の需要は強かったのです。

「1965年の渋谷」をぜひ見てください。「1960年代　渋谷」で画像検索を。

人が集まる街・流行が集まる街だったので、強い人気と需要が昔からありました。当時から街に開発が入り続け、大きく発展してきました。1964年の東京オリンピックの翌年、渋谷の街にはビルや道路の建設ラッシュが続き、ダンプとミキサー車が走る本格的な開発が始まりました。

それから約60年後の現代になり、時間経過とともに、「更に」渋谷の需要が強まっている＆地価が上昇していることは説明不要でしょう。

現在も渋谷スクランブルスクエア・渋谷フクラスなどの巨大ビルが次々と開業していますね。実は渋谷の再開発は、まだ序章です。今後も多数の大開発が渋谷エリアに待ち構えています。渋谷駅そのものもガラッと再開発されて綺麗に進化します。先進的な高級オフィスも増えます。超高級ホテルの建設ラッシュも控えており、「渋谷の高級化」は今も進んでいます。渋谷はまだ変わります。

【表参道】：「憧れ」の代表とも言える表参道（東京都渋谷区神宮前［原宿］・港区北青山／南青山［青山］）。

もともと表参道は、何も無いただの団地（何も無い原っぱ？）でした。終戦直後の1946年の表参道の写真をぜひ見てください。本当に何も無いので、とても衝撃的です。「表参道　戦前」「表参道　戦後」などで画像検索をしてください。

もしタイムマシンがあって、「何も無い表参道」を、この時に買い占めていたら…？　いったい何十兆円の利益になったことでしょうか…。

「早く投資を始めたら**長期的視点では必ず価値が上がる**」と私が繰り返し述べている理由はこれです。おにぎりの価格が上がれば、不動産の価格も上がる（P.39 参照）。インフレは進行するのです。今後も。

「再開発の情報」をどう手に入れる？

…答えは簡単。**皆さまが普段、手に持っています。そう。スマホです。**

初心者には**《Google の画像検索》**がオススメ！ 画像で直感的に理解できます。気になる物件があれば「**立地名　再開発**」で**画像検索**しましょう。

例えば「**高輪ゲートウェイ　開発**」で Google 画像検索。

未来の高輪ゲートウェイを見て、その姿に驚くことでしょう。高輪ゲートウェイ駅は駅舎そのものだけでも巨大です。**未来の全体の街から見ると、駅舎はほんの一部の一部。** 2020 年 3 月に「よくわからないカタカナの駅ができた。誰も降りていない。何のために駅を作ったの？」と感じた人も多かったですが、それは間違い。**駅の完成は、ただの序章なのです。**

メインは **2025 ～ 26 年、巨大な街（高輪ゲートウェイシティ）が開業する**こと。実は 2014 年の時点で JR 東日本が 5000 億円を投じる計画が発表されていました。その後、800 億円の増額が発表されました（森ビルの麻布台ヒルズの規模に対抗？）。再開発の費用もインフレを続けていますね。これら**再開発の資料は、ネット上で全て無料で公開されています。**

※ 詳しくは「**高輪ゲートウェイ　JR 東日本**」で検索を。超イケてる画像は、設計事務所のサイトで見ることができます。「Pickard Chilton　Takanawa」で検索を。

「笑われる」くらいが丁度いい

2020 年に先行開業した「高輪ゲートウェイ駅」の駅舎の工事費は約 200 億円。全体の予算 5800 億円からすると、**たった 4%。**

2025 年 3 月「以降」に残り 96% 分の開発（街の開業など）があります。**品川駅の大規模な再開発も合わせると、余裕で 1 兆円を超えるかも。**だから

私は「高輪ゲートウェイ〜品川に人生を懸けている」と堂々と言えるのです。実は本書の出版も、高輪ゲートウェイシティの開業に合わせました。

「巨大な街」が2025年3月に開業します。開業するまでは誰からも見向きもされません。セカニチ古参の皆さまは深く理解していますが、高輪ゲートウェイについて、私はたくさん笑われてきました。

だけど、誰よりも早く「花見の場所取りをした人」が確実に勝ちます。投資は早すぎて世間から笑われるくらいが丁度いい。だから「先に買い」なのです。将来、一緒に答え合わせをしましょう。

そんなに先のことを見据えて行動する必要が本当にあるのか？
→都心の名作高級マンション（白金ザ・スカイ、パークタワー勝どき、パークコート虎ノ門、三田ガーデンヒルズ、ワールドタワーレジデンスなど）は、「3年後」に向けて、1期で仕込んだ人が大きな含み益を得ています。

SNSで大きく話題の豊海タワーも「3年後」（抽選〜契約〜引き渡しまで約3年）に向けて、「先に買い」なのです。早く動く。Time is money。これが成功の源となります。

高輪ゲートウェイ以外の再開発もGoogle画像検索で誰でも無料で見ることができます。他にも都内の再開発はたくさんあります。Google画像検索は無料。つまり、ヒントは無料で探せます。調べましょう。これをサボる人が成功するわけがありません。　再開発の紹介：「＃再開発えぐい○○」のシリーズがセカニチの中でも便利で人気です。＃再開発えぐい品川、＃再開発えぐい田町 など。○○の中に、ぜひ地名を入れて、X等で検索してください。

※ もし地名や駅名が存在しなければ、私が調べて書くことにも挑戦してみたい＆再開発に強い興味があるので、気軽にDMで教えてください。→ @sekanichi_f

では次ページから、日本を代表する有名な再開発をご紹介します。この再開発マップのイラスト制作には数百時間、ゆんさんとセカニチの血と汗と涙が詰まっています。皆さまの人生にお役立てください（転載禁止）。

【特別企画】「再開発マップ」

品川~高輪ゲートウェイ~田町

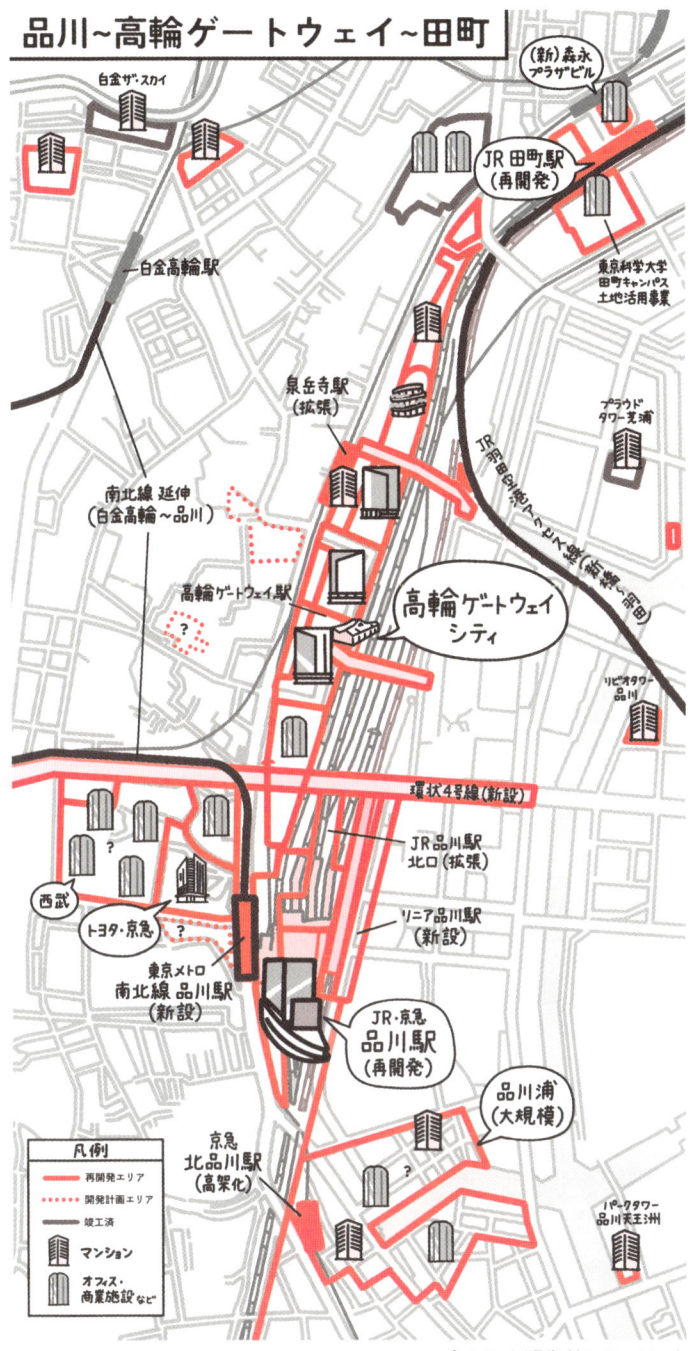

※計画は変更される可能性があります。最新情報はHP等でご確認ください。
※国土地理院をもとに作成。(2025年2月時点)

プロシティさん監修（@ProCityAdvisors）
©2025@yun_grareco,@sekanichi__

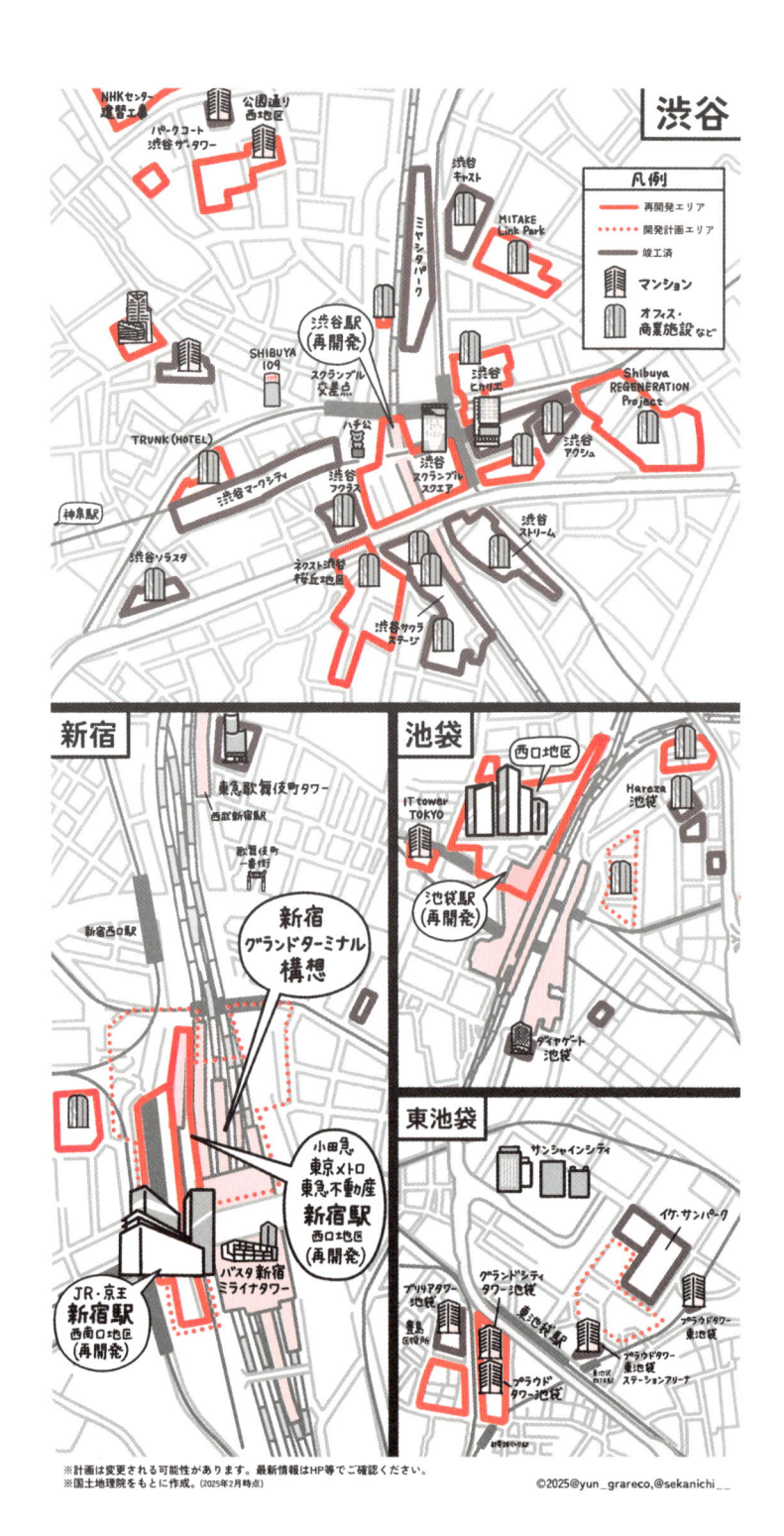

※計画は変更される可能性があります。最新情報はHP等でご確認ください。
※国土地理院をもとに作成。(2025年2月時点)

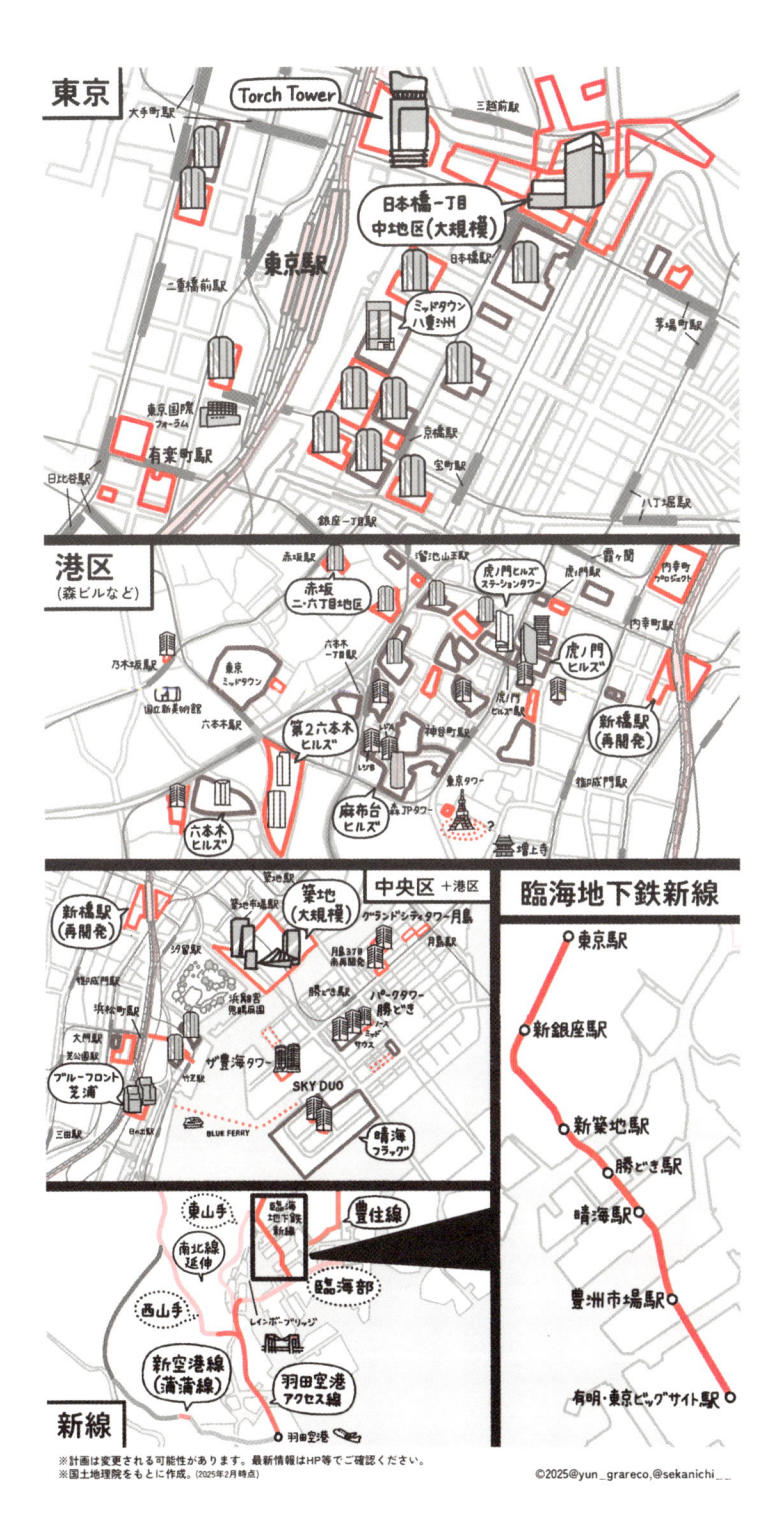

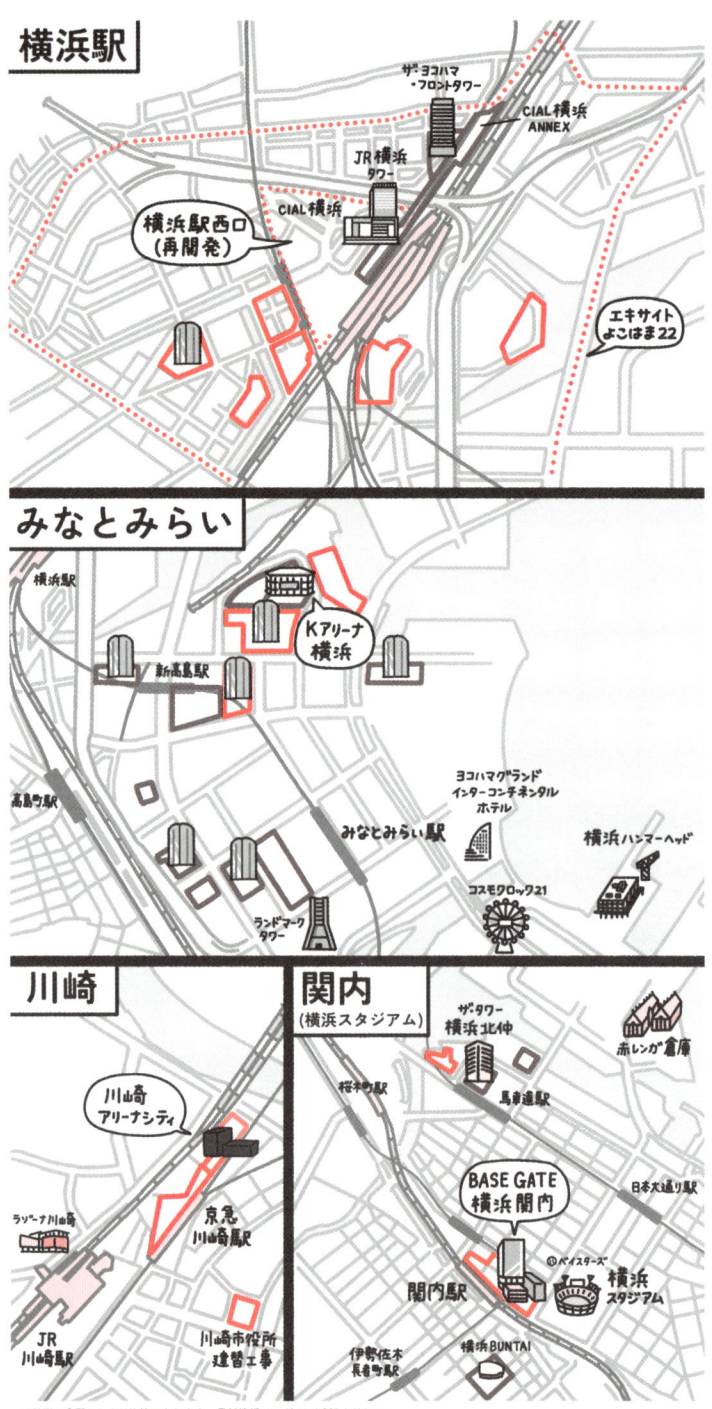

横浜駅

- ザ・ヨコハマ・フロントタワー
- CIAL横浜 ANNEX
- JR横浜タワー
- CIAL横浜
- 横浜駅西口（再開発）
- エキサイトよこはま22

みなとみらい

- 横浜駅
- 新高島駅
- Kアリーナ横浜
- 高島町駅
- ヨコハマグランドインターコンチネンタルホテル
- みなとみらい駅
- 横浜ハンマーヘッド
- コスモクロック21
- ランドマークタワー

川崎

- 川崎アリーナシティ
- ラゾーナ川崎
- 京急川崎駅
- JR川崎駅
- 川崎市役所建替工事

関内（横浜スタジアム）

- ザ・タワー横浜北仲
- 赤レンガ倉庫
- 桜木町駅
- 馬車道駅
- BASE GATE横浜関内
- 日本大通り駅
- 関内駅
- ⑨ベイスターズ 横浜スタジアム
- 伊勢佐木長者町駅
- 横浜BUNTAI

※計画は変更される可能性があります。最新情報はHP等でご確認ください。
※国土地理院をもとに作成。（2025年2月時点）

©2025@yun_grareco,@sekanichi__

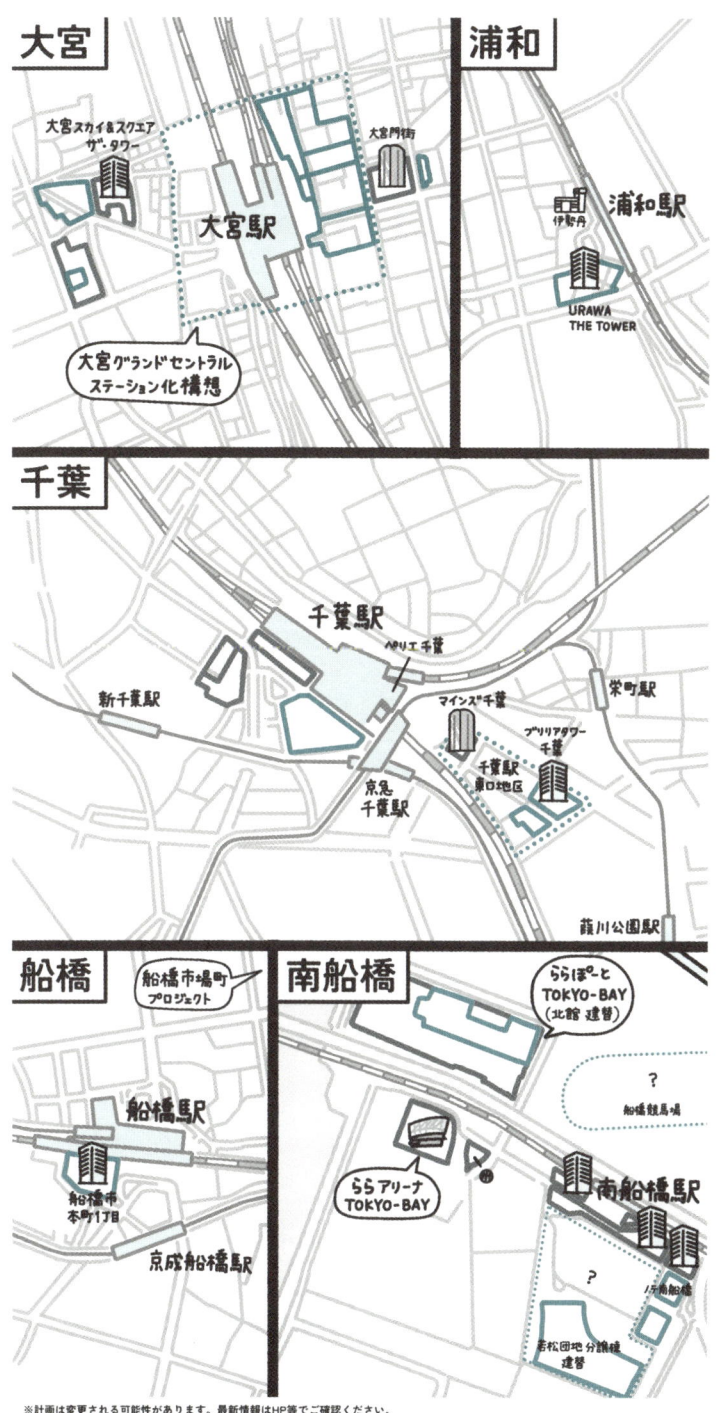

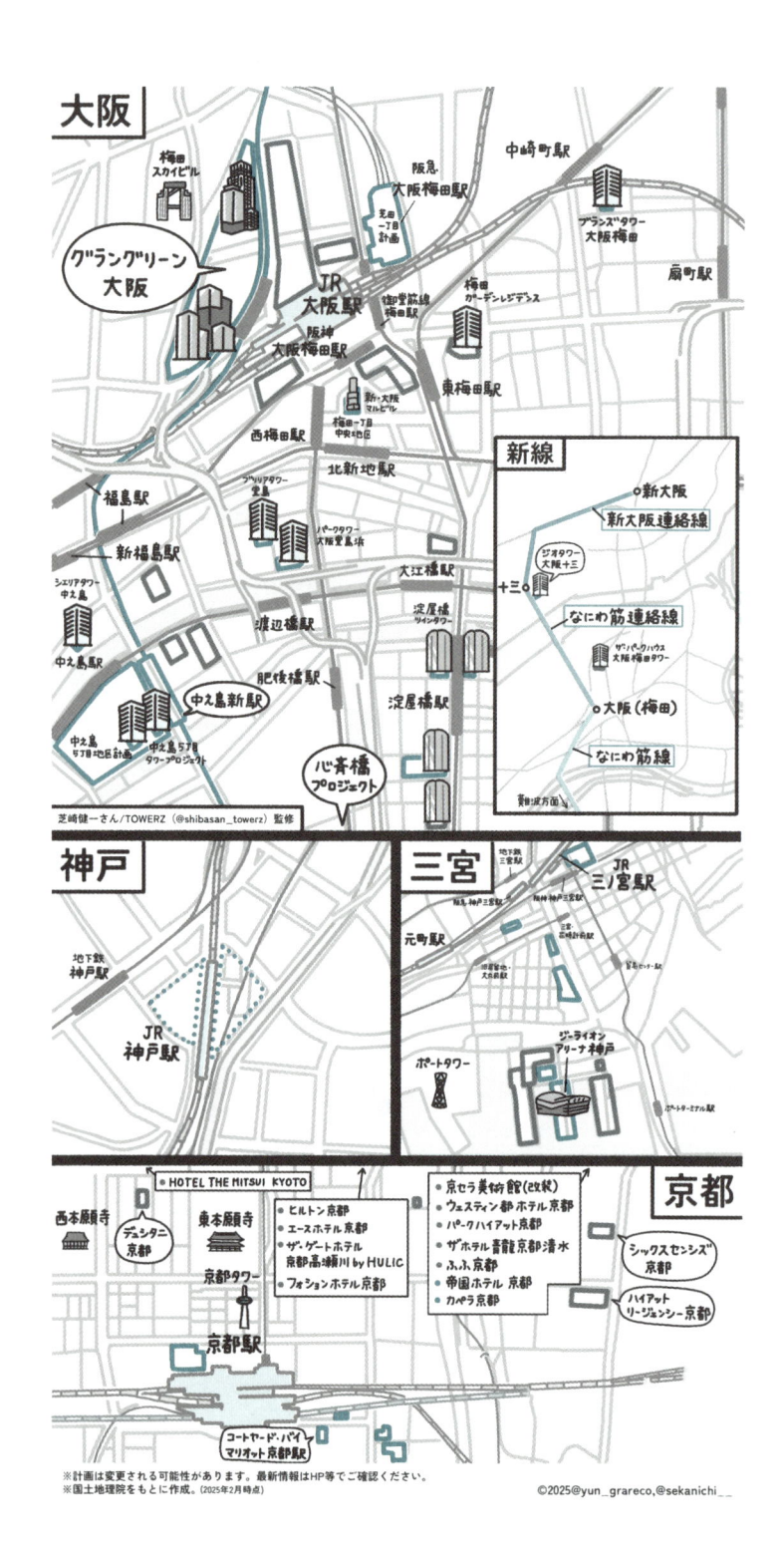

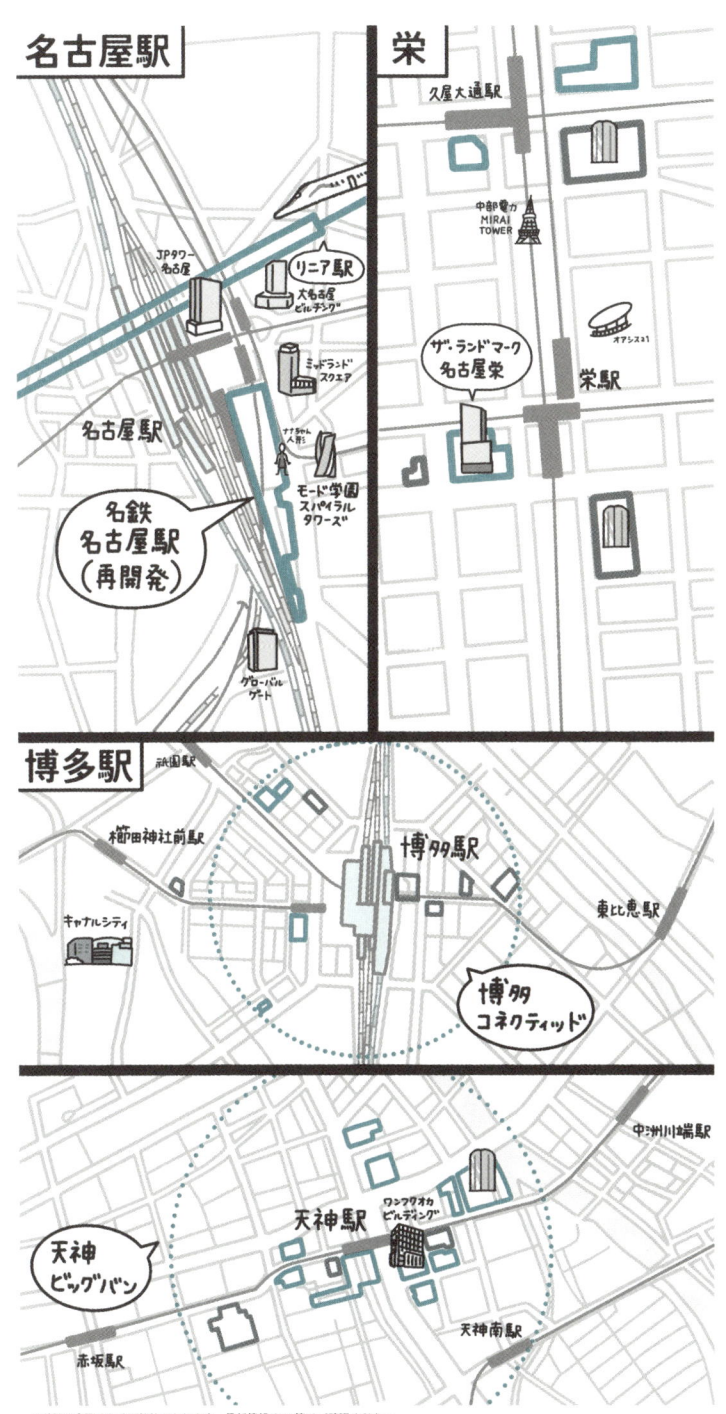

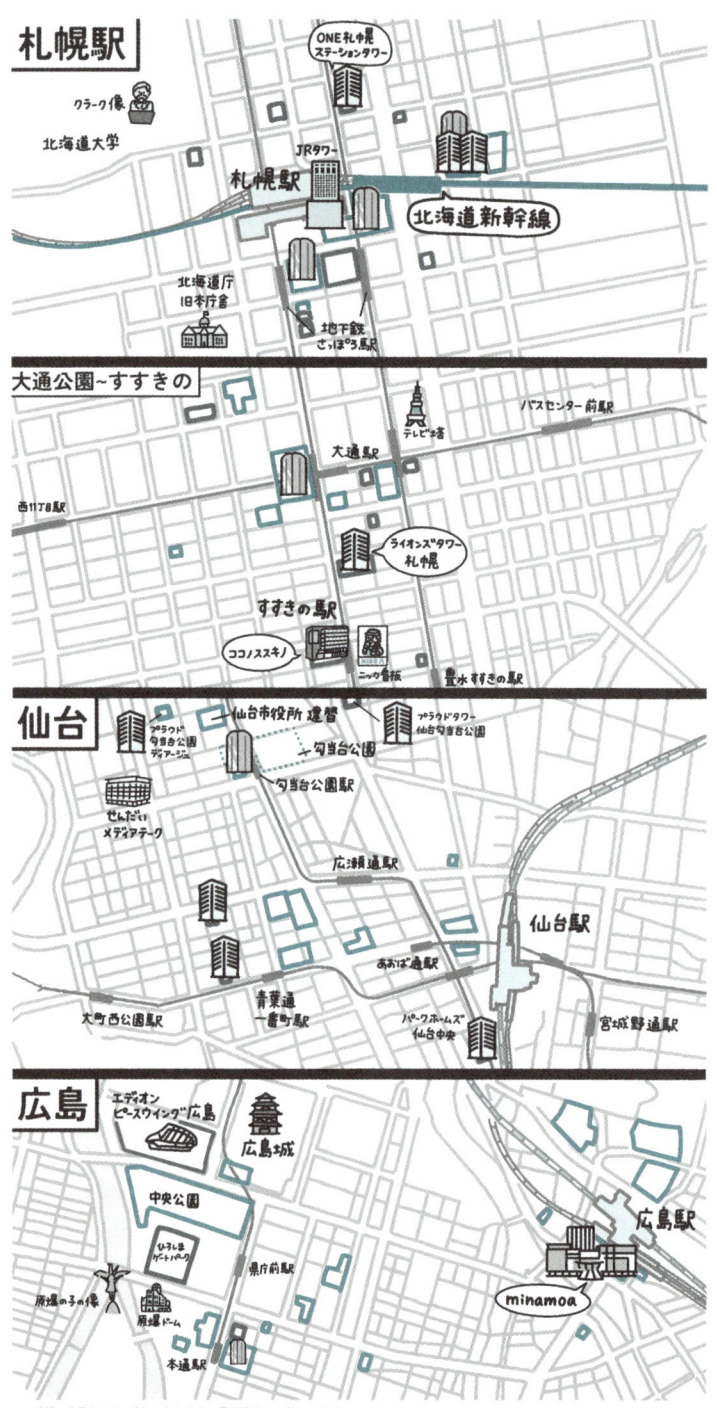

第4章

不動産とは
ブランドである！
「モテ」を狙え

世界最速で不動産を買う男
《初公開》

《初公開》セカニチが入社2年目/24歳で初めて買った不動産。
　詳細の体験談を公開するのは、本書が初めてです。

　入社2年目の私は「人生の逆算」をして、不動産を購入する最速ルートの行動をしました。自分で言うのもアレですが、私は非常に珍しい若手会社員でした。一般的な大手企業（不動産と関係無い業界）へ新卒入社して1年半以内・23歳の時点で、以下を全て完了していました。気合いと根性で。

◎ [比較] 10社 以上　：複数の不動産会社に連絡！　ひたすら比較。
◎ [資料] 100軒 以上　：物件の資料を大量チェック！　激務の合間に。
◎ [内覧] 30軒 以上　：早朝でも気合いの内覧！　社畜生活も関係無い。
◎ [ローン] 最速ルート：最速でローンを引っ張る逆算！

　私は2012年4月の新卒社会人の代です。会社員として勤務した12ヶ月分のフルの源泉徴収票（2013年1月〜12月）が初めて揃う、年明け2014年1月になった瞬間に、ローンの枠を使って不動産が購入できることを理解していました。入社2年目/24歳の世界最速の瞬間に向けて、1年目から逆算して超アクティブに行動していました。
　2012〜2013年の当時の環境で、私のように気合いを入れて不動産を調べ、考え、ガツガツと行動をしている若手会社員（非不動産会社勤務）は、1人も見たことがありませんでした。最速の源泉徴収票をGETできる日から逆算する若者も1人も知りませんでした。もはや不動産業者レベル…笑。
　私は非常に強気で生意気なガキだったと思います。

【自己紹介】当時、私は23歳の素人です。新卒入社した「広告代理店」の仕事内容は、不動産とはまったく関係ありません。大学時代の専攻も「化学」で、不動産は関係無し。もちろん不動産の知識はゼロでした。

「お金持ちになりたい」「毎日の激務がストレスで嫌だ」「いつかは会社員を辞めたい」という心の底のパワーは誰よりも強かったです。大手会社員としての毎日の激務で心身はボロボロにすり減り、業務のストレスで死にかけていました。

「経済的に自由になりたい…」という強い思い・気合いで、不動産を調べる時間を無理やり作りました。10社以上＆100物件以上の比較に1年以上かかりました。

そして1年目から行動をしたことで、「これだ！」と将来性が確信できる都心＆好立地の不動産を購入できました。社会人2年目の冬でした。

《セカニチ24歳・"初購入"の物件詳細》 ※本書で初公開
　JR山手線「原宿」駅から徒歩「8分」＆ 東京メトロ副都心線「北参道」駅から徒歩「5分」／渋谷区／超好立地／1DK／40㎡／約3500万円 ※当時

原宿駅と言えば《世界 No.1》の［JR 山手線］です。当然、ずば抜けた価値があります（JR 解説は P.98 参照）。北参道・明治神宮前もブランド価値が高い駅で、［副都心線］［千代田線］の駅ラインナップも美しく超豪華。［東急東横線］も、北参道駅→渋谷駅経由で直通（降車不要）で使えます。

まさに憧れの大都心。アクセスも最高に良く、商業施設等の利便性も抜群に良い。

物件の徒歩圏内には、素晴らしい明治神宮（＝大都心にもかかわらず、美しく豊かな緑）があり、良い"気"が流れていることは、誰しもご存知のことでしょう。物件から至近距離（線路を挟んでわずか 150m 隣）に美しい明治神宮の木々があります。 ※「明治神宮」で画像検索をしてください。

2013 年 9 月 8 日には「2020 年五輪、東京開催が決定」の発表がされました。五輪の東京開催は 56 年ぶりであり、56 年前の東京五輪で使われた国立競技場に再び注目が集まる（＝再開発される）のは、私には容易に予想できました。旧国立競技場にもラグビー観戦で何度も訪問済みです。

大規模な再開発がある新国立競技場＋周辺から徒歩 15 分の至近距離にある物件です。新卒 1 年目から日経新聞を読み続けていたことで身につけた政治の知識と嗅覚（＋ラグビー）が活きました。

日本トップレベルの地価である「表参道」(青山エリア) も非常に近く、徒歩圏内。ブランド価値がある「明治通り」も近く、電車でも徒歩でもアクセス最強＆地名のブランド価値があると確信を持てました。男女ともにランチや飲み会等で自慢できる好立地であり、「モテ」の要素あふれる条件です。

繰り返しますが、2012 ～ 2013 年の当時の環境で、私と同じ熱量で行動／努力をしている若手会社員は他に 1 人も見たことがありませんでした。

※ 当時は、今とは相場が全く違います。2013 年当時のセカニチと同じ方法・同じ条件（価格等）の物件を買うことは、現在は不可能です。＃過去に戻るタイムマシンは無い
※「東京オリンピック（五輪）が終わったら、日本の不動産バブルは崩壊する！」と当時、各所で言われていましたね。セカニチは「大会期間はたった 17 日間しかなく、本質的に経済を動かすことは不可能だ。ただ、五輪関係の不動産の再開発は大会終了後も何十年も残るのでプラスの影響はある。マイナスの影響は何も思い当たらない」と、当時から強く主張しておりました。たった 17 日間の東京五輪 (2021 年) の終了後も、バブル崩壊どころか、「真逆」の値上がりが、株でも不動産でも起きましたね。

数年後に、個人的な事情があって原宿の物件を売却することに。利益額の

詳細は伏せますが、**税引後で当時の「会社員の年収」ほどの利益**に。そして、**現在の売り出し情報を確認すると…、3500万円→7000万円以上と、3500万円以上の値上がり**をしています。なんと**2倍以上**ですよ。都心＆好立地の不動産は、直近数年で**マジで2倍以上**になっています。

皆さまは「セカニチほど珍しい行動なんて、自分には無理じゃないか…」と思ってしまうかもしれません。**しかし、この話には続きが。**

<u>**なんと、上には上がいました。**</u>
私の**新卒入社同期**で同じ営業職のメンズは、なんと**新卒入社4ヶ月で投資用ローンを引っ張って、「渋谷駅」の近くの投資用不動産を買っていました**（2012年）。入社同期でしたので、**無知な私（当時1年目）は大きな衝撃を受けました**。「えっ、同期のXX君が不動産を買った…？　不動産を買うってどういうこと?!（**意味わからん**）」と、新入社員・22歳の私は驚きました。

彼は、深く調べずに**直感で行動する豪快な男**です。論理ではなく**勢いで物事を決めるタイプ**でした。その彼も**不動産の素人**だったので、**最後は「エイヤー！」**という勢いで決めたことでしょう。最後の最後は、<u>**不動産に論理などありません**</u>。不動産のプロでも将来予測は不可能です。

彼が買ったのは渋谷駅の一等地でしたので、もちろん**大成功**。私の口からは言えないほど**大きく値上がり**しました。
新卒入社4ヶ月で不動産を購入。まさに**世界最速で不動産を買う男**。非不動産会社・大手企業勤務の**普通の会社員**です。猛者はどの世界にもいます。セカニチは彼よりも1年遅れていますので、**まだまだ**なのです。

2012〜2013年の当時は、今と融資環境が異なります。現在、**投資用ローンの審査は非常に厳しくなっており、年齢制限として入社3年以上＆25歳以上でないと門前払い**になる金融機関がほとんどです。入社1年目（＆資産無し）の状態で、**満額の投資用ローンを引っ張るのは99.9%不可能**です。不動産ローンの世界でも、時代は常に変化し続けていますね。

一方、**ポジティブな変化**も起きています。

世界的に有名なコンサル / 会計の BIG4 等や大手外資 IT に勤務する**新卒入社「1年目」の若者**が、4月入社からわずか半年＝「源泉徴収票なし」で、住宅ローンを組んで自分が住む用（自宅用）の不動産を買ったという**複数人の事例**を今年聞きました。皆さま共通して、**学生時代からセカニチの株 / 不動産等の発信を頻繁に見ていた若いフォロワーさんたち**でした（さすがの**世界最速の行動**です…！）。

10年以上前、セカニチが社会人 1 ～ 2 年目だった頃は「満額の源泉徴収票が無い住宅ローン」なんて聞いたことが無かったですよ。現在は時代が変わり、「**勤務先が大きければ"新入社員"でも住宅ローン OK！**」という金融機関もいくつか出てきたようです。この他にも色々と、皆さまにとってポジティブな変化も同時に起きています。**次は、あなたが**「世界最速で不動産を買う人」になるかも。**社会の変化を味方にしましょう。**

《モテ / 自慢》を狙え！
ヒントは「合コン」

《3A+R》 = 「麻布・青山・赤坂・六本木エリア」
不動産業界の有名な単語です。**大都心・港区で超高級マンションが建ち並**ぶ、別格のブランドエリア。このブランド価値は一生モノでしょう。

なぜ、3A+R の立地の価値は高いのか？
→ヒント：「欲」。人間の欲が無くなることは 1000％ありません。地球上の**全人口が増え続けている理由は、人類の欲が存在し続けるからです。**

人は「自慢したい生き物」です。自慢したい＝多額のお金を積んででも欲しい＝需要がある＝値上がり↗…というシンプルな公式。人類の根源「自慢したい欲求」は、時代 / 景気 / 世界情勢がどうなろうと関係ないでしょう。

▼「価値が上がる不動産」を選ぶコツ
　資産性や値上がりを狙う場合

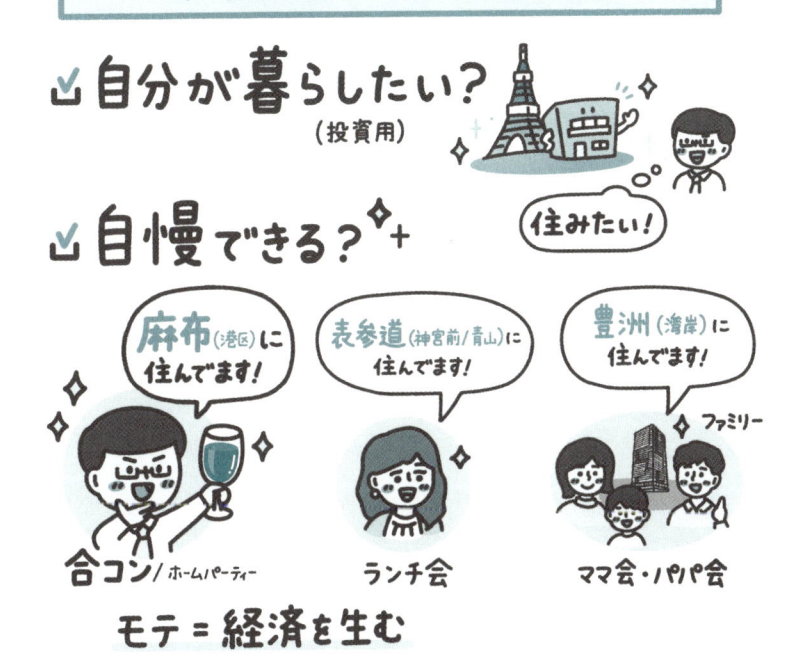

不動産の決め手は？

☑ 自分が暮らしたい？
（投資用）

住みたい！

☑ 自慢できる？

麻布（港区）に住んでます！

表参道（神宮前/青山）に住んでます！

豊洲（湾岸）に住んでます！

ファミリー

合コン/ホームパーティー

ランチ会

ママ会・パパ会

モテ ＝ 経済を生む

◎**単身物件**：「合コン」の自己紹介でモテそうな立地か？

　自分が 20 〜 30 代の会社員として、そこで暮らしたい？ ←投資用不動産

◎**ファミリー物件**：「ママ会・パパ会」で自慢できるか？（P.84 参照）

　港区の麻布十番駅から徒歩 5 分のマンションに住んでいたら、**合コンで**アピールしたくなりますね。私は港区のシンボル＝**東京タワーの足元**（東麻布 1 丁目）にも住んだことがあります。ベランダからはドーン！と巨大な東京タワーが見えました。**賃貸で 22㎡の 1R**（ワンルーム）、家賃は 11 万円。

　その物件に決めた理由は、モテそうだったから。社畜生活の合間をぬって、西麻布で毎週金土の夜に開催していた同期たちとの合コンで「**港区に住んでる**」「**ベランダから東京タワーが見える**」と言いたかった。もともと私は裕福ではない家庭の出身なので、その**反動**かもしれません。とにかくモテたかっ

たのです（若気の至り…笑）。

　人間の欲がなくならない限り、**モテ立地の需要**は、50 年後も 100 年後もなくなりません。もし不動産の値上がりを狙うなら、**モテ立地＆モテ物件を**選ぶべきでしょう（※値上がり重視ならね）。**人間の性欲が無くなると、人類は滅びます。人間の性欲が無くなることは絶対にありません。**

　2020 年以降の世の中の流れを紹介します。新型コロナウイルスの悪影響で、オフィス需要が一時的にガクッと減り、オフィス関連の不動産は大打撃を受けました。

　一方、人間が住む不動産では？
　コロナの悪影響があっても、**人間が住む用の不動産の需要は減りません**でした。「オフィス不動産の価格（賃料）の暴落」とは正反対に、コロナ禍をキッカケにして、《人が住む不動産》の価格は、むしろ上昇しました。「憧れの都心＆好立地に住みたい」「交通の利便性や、良い住環境を求めたい」「異性からモテたい」という**人間の欲**は、社会に何があっても無くなりませんでした。

　「**私もモテる立地を狙いたい！**」と考えても、普通の会社員の収入や資産では、日本の超一等地＝「3A+R エリア」に不動産を持つのは、**全く現実的ではありません**。なので**現実的に買える範囲**の中で探しましょう。

　では、我々のような一般層が、**人が憧れる／合コンでモテる立地をどう探**せば良いのでしょうか？→「東京カレンダー　表紙」で Google 検索です。
　どこの立地に**モテ需要**があるかわかります！　まずは画像検索で、20 種類ほどの表紙を見てください。基本的には、強すぎる都心ブランドの地名となっています。しかし、一定数は**現実的に買えるエリアの地名を見かける**こともできます。皆さまも現実的に投資できそうです。Google 画像検索は、**誰でも無料でできます。**あなたも今すぐできます。不動産で成功したいなら、「都心＆好立地への嗅覚」を日頃から鍛えておく必要があります。

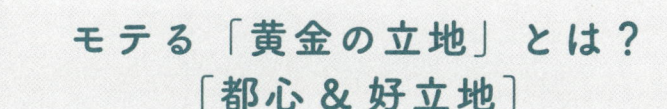

モテる「黄金の立地」とは？
[都心＆好立地]

　都心 11 区（特に都心 5 区）は、日本でも有数の土地の価値が高いエリアです。商業施設や飲食店が豊富。税収が大きいエリアほど、道路等の公共インフラが綺麗。子育て / 教育面でも、ベビーシッター代の補助が手厚い等、都心ほど充実した行政サポートがあります。今後も都心 11 区の人気は衰えません。

※ P.78 のマップを見ると、JR 中央線の影響力を感じますね。

　多種多様な 23 区を 1 つにまとめて「東京 23 区」と呼ぶのは無意味だとセカニチは感じます。

　それほど「格差」が広がりました。実は、JR 等の発展とともに武蔵野市や三鷹市の人気＆価値が上がっており、基準地価で下位 4 区に勝っています。下位 4 区は川の氾濫＆浸水リスク（荒川 / 中川 / 江戸川等）があり、地価の伸びが渋いのは事実です。

　P.79 の東京 23 区の基準地価ランキング、下位に共通するのは「荒川」です。この序列は 99％変わりません。むしろ格差はもっと広がります。

【希望の光】ランキング中盤の区でも、区内の「主要の駅」から徒歩 10 分以内なら、価値は高い。

　例：11 位でも、中野区の「中野駅」は最強。中野駅の再開発で価値が上がる。JR 中央線は強い。新宿駅の価値が上がり続けており、中野駅の価値も同様に上がる。東京メトロ (東西線) も使える大きい駅のため利便性も高い。

　結論「中野駅 徒歩 10 分以内」＝「好立地」です。

※ 同じ区内で大きな格差があり、1 つにまとめて結論付けることはできません。中野区↔中野駅と同じ理論で、「大田区」でも「大森駅 徒歩 7 分以内」なら価値が高いし、「足立区」でも「北千住駅 徒歩 7 分以内」なら価値が高いです。要は、立地によって条件はバラバラです。「大田区＝全て OK」「大田区＝全て NG」といった結論にはなりません。区内で人気のエリア (駅) を見極めましょう。不動産の価値は総合点で判断するものです。

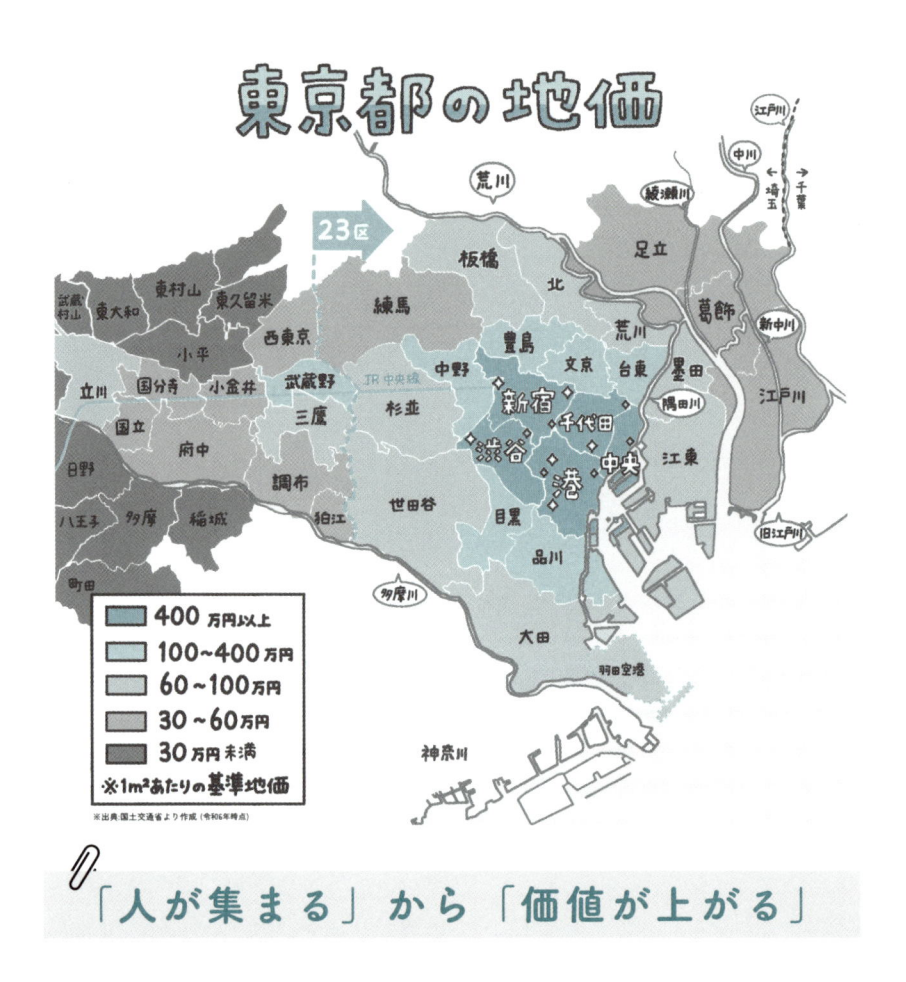

「人が集まる」から「価値が上がる」

<東京23区　基準地価ランキング（国土交通省 2024年）>

1位：中央区、2位：千代田区、3位：渋谷区、4位：港区、5位：新宿区

　「格差」が広がっています。「上位5区」が強い。「下位4区」が弱い。

　都心＆好立地の不動産のハードルは上がっています。上位5区の投資用物件はほぼ売りに出てきません。視線を広げないと、良い出会いを逃してしまいます（自分が住む家でも）。考え方を広げるだけで、意外な出会いがあるかもしれません。

※「投資用」であれば特にそう。「自分が住む」のではないわけで。「上位12位」に目を向けてみることが、不動産投資の秘訣ですね。

ランキング（東京23区 基準地価）

※出典：国土交通省より作成
※参考:https://tochidai.info/tokyo/
（令和6年時点）

順位	区	万円/㎡	主要な駅・まち
1	中央区	583	銀座・八重洲・日本橋・浜離宮・築地・勝どき・京橋・新富・豊海・晴海・月島・湊
2	千代田区	551	東京駅・丸の内・皇居・大手町・国会議事堂・霞ヶ関・日比谷・有楽町・秋葉原駅・神田・御茶ノ水・飯田橋
3	港区	518	麻布・青山・赤坂・六本木・虎ノ門・田町・三田・芝・芝浦・浜松町・新橋・品川駅・高輪ゲートウェイ(シティ)・港南・白金
4	渋谷区	475	渋谷駅・代々木・恵比寿・広尾・明治神宮・千駄ヶ谷・笹幡初・松濤・富ヶ谷・上原
5	新宿区	406	新宿駅・大久保・信濃町・四谷・神楽坂・早稲田・高田馬場・戸山・国立競技場
6	豊島区	208	池袋駅・目白・巣鴨・大塚
7	台東区	183	上野駅・浅草・御徒町・浅草橋・蔵前
8	文京区	161	後楽園・東京大学・江戸川橋・本郷・湯島・根津
9	(武蔵野市)	147	吉祥寺・西荻窪・井の頭公園(北)・三鷹駅(北)
10	目黒区	141	目黒・中目黒・駒場東大前・祐天寺・学芸大学・都立大学・自由が丘・大岡山
11	中野区	124	中野駅・東中野
12	品川区	119	目黒駅・五反田・大崎・北品川・大井町
13	北区	86	王子・赤羽・田端・十条
14	杉並区	85	高円寺・阿佐ヶ谷・荻窪
15	荒川区	83	日暮里・西日暮里
16	世田谷区	81	下北沢・三軒茶屋・駒沢・明大前・二子玉川・池尻
17	江東区	74	豊洲・門前仲町・清澄白河・森下
18	(立川市)	73	立川・昭和記念公園
19	墨田区	72	両国・錦糸町・押上
20	(三鷹市)	67	三鷹駅(南)・久我山・井の頭公園(南)
21	大田区	66	羽田空港・大森・蒲田
22	板橋区	63	板橋・志村・成増・高島平
23	練馬区	51	練馬・小竹向原・石神井・光が丘・大泉
24	江戸川区	49	葛西・小岩・平井
25	足立区	48	北千住駅・綾瀬・西新井・荒川
26	葛飾区	42	亀有・金町・新小岩

上位 12 位の価格が上がる理由は？→「ハザードマップ」と「人が集まる」から。需要が生まれて経済も生まれる。都心には人が集まり続けます。

Q,「東京 23 区」でなぜこんなにも地価に格差がある？

理由▷「ハザードマップ」が 1 つの例（後述）。不動産＝「不動」の「資産」！買った瞬間に勝負が決まっています。ハザードが後から消えることはほぼ確実にありません。正しく理解しましょう（第 6 章 参照）。

　　一方、東京**以外**に目を向けると？ **地方 / 郊外**は基本的には非常に厳しいのが現実。エリア No.1 のタワマンでない限りは、安定した値上がりは期待しにくい。やはり、どのエリアでも「格差」が広がっています。

少子高齢化でも都市部の物件は上がり続ける

　　日本社会の少子高齢化は事実です。そして、**東京への人口流入**もまた事実です。2015 ～ 2020 年の 5 年間で**転入超過**となっており、**東京は 63 万人も**増えました（年 12 万人以上の増加）。今後も格差は広がり、**都市部への人口集中**の流れは止められません。

　　そして**神奈川・大阪・千葉・愛知**なども人口が増えて伸びています。実は、**東京以外の道府県でも「都市部」は伸びています**。例えば、神奈川＝「横浜」、大阪＝「梅田」、千葉＝「千葉」、愛知＝「名古屋」、北海道＝「札幌」。など。都市部は今後も人口が増え、不動産も値上がりするでしょう。

都市部 & 好立地になぜ価値がある？ヒント➡「就職 / 上京」と「満員電車」

Q.《土地の価値》の本質とは？

→「満員電車を避けられる！」が、最大の要因だと私は考えます。

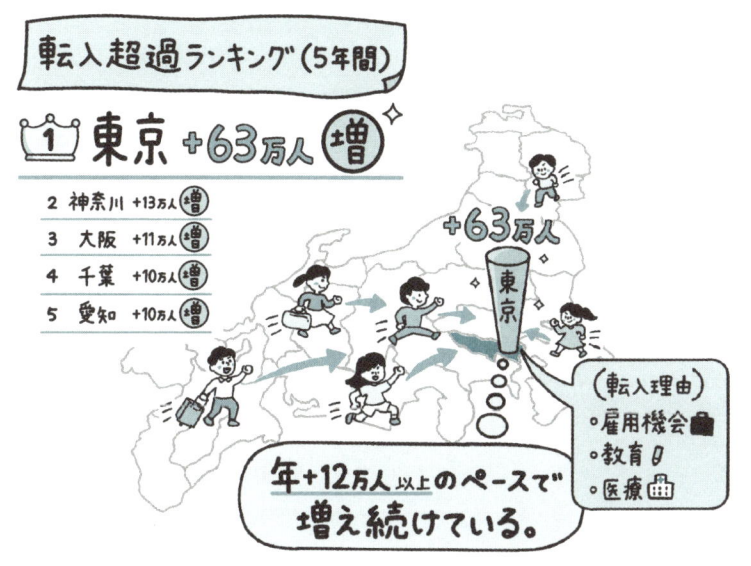

「東京+都市部」に人が集まり続ける

転入超過ランキング（5年間）

1 東京 +63万人 増 ✧

2 神奈川 +13万人 増
3 大阪 +11万人 増
4 千葉 +10万人 増
5 愛知 +10万人 増

+63万人

（転入理由）
・雇用機会 💼
・教育 📚
・医療 🏥

年+12万人以上のペースで増え続けている。

出典:総務省(2015〜2020年の国勢調査)

　「地獄のような満員電車に毎日乗りたい！　わくわく」と喜んでいる人は1人も見たことがありません。やはり、**満員電車＝最悪**ですよね。

　セカニチは**長い通勤ラッシュで毎朝、死にかけて**いました。22年間、京王沿線で生まれ育ち、調布駅→→→新宿駅の通勤ラッシュがあまりにも辛く、長すぎる。新宿駅に着いた頃には**精神的にも肉体的にもボロボロ**になっていました。爽やかな朝のはずなのに…。なので「新宿駅＆渋谷駅のすぐ近く」の「明大前駅（世田谷区）」や、「笹塚＆幡ヶ谷＆初台（渋谷区）」に超〜憧れがあります。

　貧乏大学生のセカニチは、殺人級の満員電車内で「**特急が停まる大きな駅＝明大前駅（世田谷区）や笹塚駅（渋谷区）に住めたら、人生勝ち組**なんだろうなぁ…」と本気で毎日思っていました。

　<u>憧れ＝需要がある＝不動産の価格が上がる</u>。通勤ラッシュ＆満員電車が不

動産価値にも影響を与えています。

◎**就職**：「新卒の初任給アップ」のニュースが続出しています。人手不足で人材の奪い合い。業績が良い企業は、都市部＆好立地に集中しています。そしてエンタメも都市部に集中。今後も若者は地方から上京してきます。

◎**オフィス**：「都心のオフィス」に出社は必須です。でも満員電車には乗りたくない。コロナ禍が収束し、「都心回帰が進む」のは当たり前の話です。LINE ヤフーは 2024 年にフルリモート廃止宣言を出して大きな話題になりました。この話題は日本だけではなく「世界中」で巻き起こっています。なんと、**Zoom 社もフルリモート廃止**という皮肉です。Apple や Meta やTesla などの世界トップ企業でも**フルリモート廃止**の流れは止まりません。

大切な我が子を守るため。
好立地不動産 ＝ 子への「最大の愛」

　好立地に不動産を買うのは《**大切なお子さんを守るため**》ですよ。
　名門の小中高に通わせると、必然的に「電車通学」になる。JR 中央線の価値が高いのは、**JR 中央線沿いに名門の小中高が多く揃っているため。私大も国立大も豊富。**「**子ども**」「**教育**」を考えても、**不動産は都心＆好立地**という結論になる。
　郊外に不動産を買うのは、お子さんを危険な目に遭わせてしまう。郊外の自宅から、満員電車で都心の私立小学校に通わせるのは「ほぼ虐待」です。「お子さんのために」立地にはこだわりましょう。**お子さんの安全はお金では買えない**。だから都心の不動産価格が上がるのです。

＜ある SNS の投稿＞先日朝、混んでいる地下鉄の入口を塞ぐように立って動かない、ランドセルを背負った小 1 と思われる女の子がいた。乗り降りを

完全に妨げていて明らかに邪魔。でも皆文句も言いにくい。**本人も辛そう。**多分奥に行くと降りられないからって親に言われたんだろうなと。**親の見栄なんだろうが、低学年の私立小の満員電車通学はほとんど虐待。**

▽痴漢

　我が子を痴漢リスクに晒したい？　不動産は「立地が命」となる理由は、**満員電車**で潰される時間を短くするため。大切なお子さんを満員電車に乗せて「痴漢のリスク」に遭わせたいですか？　そんな親は1人もいませんね。痴漢被害だけでなく、「盗撮」も社会問題に。盗撮画像が累計で何億円と売り捌かれ、何人も逮捕者が出て…。

[参考] 日本の若者、10人に1人が痴漢被害　内閣府調査（CNN）

　都心に家を買う＝『最大の愛』だと思います。だから都心＆好立地の不

動産の価値は上がり続ける。愛する家族を幸せにしましょう。

「満員電車に乗りたくない」は当然。だから、都心 & 好立地であれば、「1K 18㎡」だとしても強い需要があります。狭いワンルームだとしても、ピカピカの都心 & 好立地で需要があれば値上がりする。セカニチ自身も満員電車が嫌すぎて賃貸で「ワンルーム 22㎡」に暮らしていました。

※ 満員電車問題を考えると、「子どもが 18 歳になるまでは、都心 & 好立地に賃貸で暮らす」という選択肢も、もはやアリな気がしています。都心 & 好立地に、ファミリー向けの広い不動産を買う=困難すぎるので…。総合的に家族全員が幸せになれる道を探しましょう。幸せな未来に向けて、ご家族で話し合いましょう。セカニチも全力で応援しますよ。

ファミリー物件の「好立地」「モテ」とは？ ヒント➡「ママ会 / パパ会」

ママ会 / パパ会で自慢できるか？

モテは経済を生む。自慢したくなる不動産は値上がりする。逆に、ママ会 / パパ会で自慢できない不動産 → 値上がりしない。

23 区の土地の価値だけを見ると、「世田谷区」は 15 位です。

再開発によって「二子玉川・駒沢・下北沢・明大前」などの価値が上がっています。ファミリー物件にとって聖地です。

渋谷駅と新宿駅の価値が上がれば、世田谷区の価値も同時に上がります。小田急・京王・東急の「3 大私鉄」のアクセスも非常に素晴らしい。世田谷区と路線図をぜひ検索してください。世田谷区でも良い出会いがありますように。詳しくは「世田谷区　路線　マップ」で画像検索してください。

[参考] 東京 23 区「人口ランキング」：1 位：世田谷区= 916,208 人、2 位：練馬区= 738,358 人、3 位：大田区= 728,703 人、※ 23 区計= 9,522,872 人　[出典] 住民基本台帳（令和 4 年）

不動産の成功者［一般の会社員］への インタビュー

Mina さん（女性・25歳・会社員3年目）@mina_goldendays

東京都中央区に購入→愛する自宅へ

◎情報収集は入念に：考え／価値観をたくさん**集めてみる**（第一歩）。

　きっかけは24歳。SNSを見て「**家って賃貸じゃなくて購入もありなのか**」と知った。自分が住む家（実需）についてはSNS発信者の考えもばらばら。もともとは「**割安(?)な家を買うべきだ**」という考えだったが、**本質的な資産性（＝自分が愛せるか）**を学び、考えが**良い方向**に変わった。SNS発信者に無駄に煽られて自分を見失わないようにするべき。

◎何を重要視する？：資産性より**自分のQOL**が上がる家＆愛せる家

　資産性は大切だが、若手社会人では予算に限りがあり、**「現実」**がある。投資用ではなく**実際に自分が住む家**なので、資産性を凌駕する**「愛」**を大切にするべき。週3の在宅勤務で自宅内にいる時間が長いので、**生活が豊かになるお家。心から住みたいなと思うお家。**

◎住んでから気付いた魅力：**"住めば都"**
・徒歩5分以内に**大きなスーパーが2つ**。小さな八百屋もあり安くて良い。
・**都心の超上品なブランド繁華街(有名)**にたった徒歩20分、**近くてびっくり**。徒歩20分でも**都心は道中も歩いて楽しいから**あっというま。レンタサイクルのステーションも家に近く、坂道もない→どこでも行ける。
・徒歩7〜12分以内に**「4駅」「4路線」**ある。**どこに行くのも超便利**。先日、飲み会終わりの終電でXXX駅から歩いて帰ったところ、深夜でも人通りがある程度あるので、女1人の深夜徒歩でも**怖くなかった**。
・前は賃貸で狭いキッチンだった。自宅購入後、**いまはキッチンが超広くて快適**。毎日自炊で、何のストレスも感じずに使えて幸福。
・賃貸より広くなり、**人を招ける間取り／広さ**になった。手料理を振る舞え

るのが嬉しい。**友達もたくさん呼べる。**早く家具を揃えたい。

・前は賃貸で狭いシャワーのみの生活。自宅購入後、**広くて綺麗なお風呂**に。毎日、快適な湯船に浸かって幸せを実感。

◎住宅購入は結婚に近い：**愛は技術**

　不動産は買って終わりではない。「購入した選択」を、活かすのも殺すのも自分。**愛は技術＝能動的に育むもの。**買う直前には大きな不安も感じたが、私はつい愛さずにはいられない素敵なお家に巡り会えたので「この家を起点として営む毎日の生活を最高に充実させるぞ！」と覚悟を決めて購入した。何を買うかも大切だが、買った家でどう過ごすか？も大切にしたい。

◎不動産購入の経験：人生の財産になる

　経済や社会に対してアンテナを張り、自分ごと化できた。これは、自分で借金を負って人生で一番大きな買い物をするからこそ。また、若さを活かして自分に発破をかけて決断できたことには、**人生経験として大きな価値を感**じる。自分で自分を幸せにする強さと覚悟が芽生えた。**目の前の仕事／お金を稼ぐことに真剣に取り組む良いきっかけ（財産）**にもなった。

◎ 不動産購入に迷っている皆さまへ：**愛の応援メッセージ**

「買うことが絶対だ」とは思わない。前向きに賃貸を選択するのであればそれも1つの正解。不動産は一点もの。ご縁やタイミングもある。焦って買う必要はない。人によって最適解は異なる。購入でも賃貸でも、選んだものを正解にすれば良い。

　購入したい・購入期限がある、なら正しく行動するだけ。若い女性が大きな借金を負って購入を決断するのは勇気がいる。私も不安だったが最後は前向きに決断した結果、毎日楽しく過ごせている。自分が「この街・この家に住みたい！」と思えるなら、ぜひ購入にチャレンジを。**応援しています(^^)**

※ セカニチさんが信頼している不動産のプロにも第三者の立場からアドバイスをもらえてよかった。不動産仲介会社は「売りたい意図」があるが、利害関係がない存在に客観的に相談ができる機会は大きな支えになった。

第5章

不動産は《恋愛》と同じ 「理想」と「現実」に 正しく向き合う

幸せな御夫婦からの「感謝の手紙」

セカニチ様

以前、自分たち夫婦が住む用の不動産（実需）の相談をさせていただきましたXXと申します。探し始めて4週間。不動産会社は6社に問い合わせし、内覧は10軒以上も回りました。

そして無事に納得のいく物件にたどり着き、昨日、申し込みが受理されました。今週末に契約します。不動産会社の担当者が親身になってくださったので、私たち夫婦にはとても合っていました。

セカニチさんからアドバイスいただいたとおり「予算を少し上げる、広いバルコニーは諦める、駅徒歩は◎分に広げる」など「優先順位」についても、連日、夫婦で話し合いました。

住まいの条件の優先順位を話し合いながら、自分たちがどう生きたいか、どう子育てをしたいか、など、夫婦の人生の価値観のすり合わせもできました。

夫婦にとって、とても有意義な時間でした。

4週間前に探し始めた時は、本当に何となくノリで問い合わせしてみただけで、まさかこんなスピード感で家を買うとは想像していませんでした。

はじめの一歩を踏み出すまでは、漠然と「なんか難しそう」「ローンなんて私には無理そう」と考えていたのが、踏み出してしまえばどんどん自分の中で具体的になり、「できる」「やらなきゃだめだ」という気持ちになりました。そして夫婦で情報をシェア＆話し合い、その結果、家族みんなで幸せになれる家を買うことができました。

セカニチさんがいつも言うように「家を買ってからがスタートだ」と実感しています。今後もお金の勉強をして子どもたちと幸せになれるよう頑張ります！ 長男3歳・次男5ヶ月、夫婦の不動産・NISA等もバッチリです。

不動産で一歩を踏み出せたのは、セカニチさんの書籍・セミナー・SNS投稿・不動産noteなどから、正しい知識のインプットができたおかげです。

感謝の気持ちをお伝えしたいです。これからもご発信を楽しみにしています。本当にありがとうございました！

欠点も愛せるか？

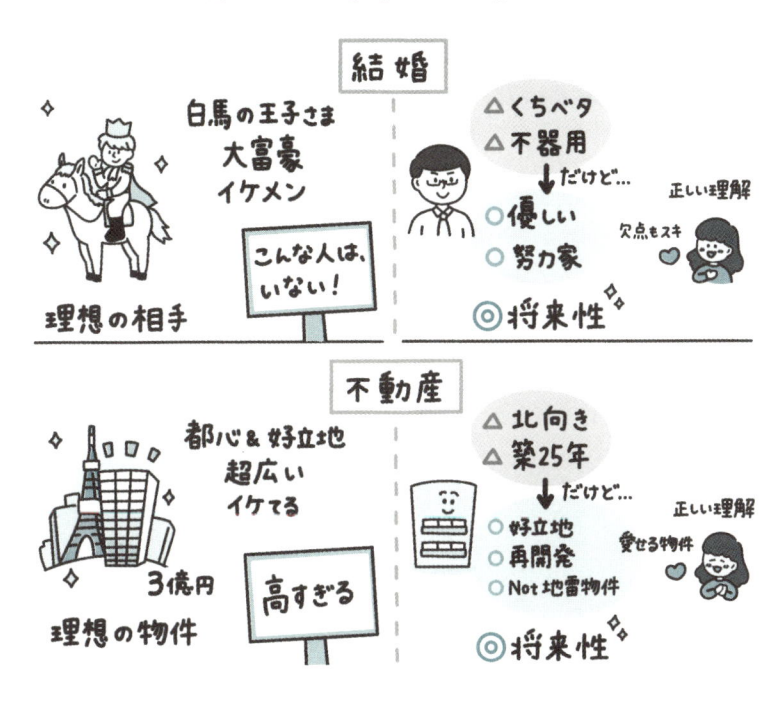

不動産は
「結婚」「恋愛」と似ている

「完璧な結婚相手」は存在しません。
同様に「完璧な不動産」も存在しません。

　イケメン・大富豪・白馬に乗った王子様と結婚をしたくても、そんな人物は現実的に存在しません。**人間には何かしらの欠点は必ずあるはず**です。

　人間の欲を完璧に満たす「完璧な物件が欲しい！」と言うなら、**最低でも「3億円」**は用意しましょう。いや、3億円でも足りないかも。日本 No.1 の最

高級マンション・麻布台ヒルズ／アマンレジデンス東京に住みたければ60億円以上は必要です。そんなお金をポーンと出せる会社員はいませんよね。

つまり「現実的に買える不動産」という言葉を付け加えると、どんな物件でも《何かしらのネガ要素（欠点）》は「必ず」あります。

※ もし不動産会社の担当者が「この物件にはネガ要素は1つもない。価格もお得だ」と自信満々に言っていたら、確実に詐欺です。

不動産探しをする上で、「何かしらのネガ要素は必ず存在する」と想定するべきです。なので御夫婦で住む場合は、前述の手紙主のように、家族で深い話し合いをして妥協できる点を探すことが必須になります。

深い話し合いを経て、幸せなお言葉を頂戴すると、私も嬉しくなります。セカニチの活動を続けるモチベーションになります。応援のお言葉をくださる皆さまには一生、感謝です。

欠点があるからこそ、我々一般層が現実的に買える価格になります。

「どの要素なら許容できる？（ポジティブ思考に変換できる？）」「どの要素なら許容できない？」を、ひたすら考え続けましょう。

＜一般的にネガティブに思われる要素＞
例：北向き（日当たりが悪い）・間取りが微妙・ベランダから壁ドンで眺望なし・眺望が墓／太い道路View・定期借地権付き・築年数が経っている／旧耐震・間取りが変・車や飲食店の騒音・ハザードマップが濃すぎる・管理が悪い…などなど。

※ この中でどれなら妥協できるか？を探しましょう。特別企画！　不動産あるあるの地雷物件（ネガ要素）をリストにしました。（P.106参照）

時にはポジティブ思考に変換することもできます。例えば「北向き」は「夏に暑くなりすぎない」と、むしろポジティブ思考に変換できることも。ネガ要素や妥協点は「自分次第」です。答えはあなたの中にあります。

不動産で幸せになるコツは「欠点も愛せるか？」「将来性」です。最後は論理ではなく、心から愛せるか。「#最後は感情」← Xで投稿をし続けています。愛がなければ不幸になる。不動産も、結婚も。

あなたが心から愛せる不動産・将来性を感じられるパートナーと出会えますように。セカニチはいつもあなたの挑戦を応援しています。

「世界の」駅ランキングは 「◎◎社」が独占

日本の鉄道は、世界 No.1 です（P.93）。

「世界」の乗降客数ランキング＝日本が独占しています！　つまり、「日本の駅」は世界トップレベルです。特に「JR 東日本」がランキングを独占。

新宿駅→世界 No.1 の駅として、ギネス世界記録に認定されました（世界で最も利用者数の多い鉄道駅・１日の平均乗降客数）。１日あたり 350 万人が利用しているという調査結果もあるほど。

私は学生時代から新宿駅までの満員電車で毎日圧死しかけていましたが世界 No.1 の駅なら納得です。不動産を探す上で、鉄道（特に JR 駅）の理解は物凄く大切です。

「今印象が悪い」駅／地名も、 将来的に変わる！（好立地であれば）

不動産で大切なことは《将来性》（＝立地）です。

未来を見据えて行動するべきでしょう。ですが、世間からの「いまの」印象も気にしてしまうのが人間の性。これは恋愛も不動産もそう。

「世間からどう思われるか」をほどほどに理解するのは良いです。が、あまりにも過剰に気にしすぎて、自分軸の価値観を失ったり、良い出会いを逃したり、将来の利益を失ったりするのはもったいないことです（＝機会損失）。

駅／地名の「世間からの印象」を適切に理解することは大切です。第一歩として、（世間的に）いま印象が悪い駅／地名を思い浮かべてみましょう。

例えば…

＊メガターミナル駅：**五反田・池袋・新宿・渋谷（センター街）・上野・新橋**…など。人が多すぎて治安に不安あり

＊強い駅：**北千住・綾瀬・新大久保・蒲田・川崎・武蔵小杉・赤羽・十条・錦糸町・亀戸・平井・新小岩・小岩・川口・さいたま**…など

※「強い駅」とは：複数路線が乗り入れる。ターミナル駅（JRも使えるのが理想）。急行以上が停まるなど。

　他にも、**今は印象が悪い駅／地名**は全国にも多数あります。しかし、上記の地名の共通点は、<u>アクセスが最強</u>である点です。【結論】ポジティブです。

「あの辺は住むところじゃない」は 伸び代のサイン

　昔は「あの辺りは**住むところじゃない**」と言われていた駅／地名。**再開発**で大きく変わり、**不動産の価値が上がりました**。武蔵小杉も、湾岸（勝どき／豊洲／有明…等）も、五反田も、芝浦（田町駅）も、港南（品川駅）も。

　悪いイメージがあった時にリスクを取ってチャレンジした人が、**大きなリターンを得ています**（特にタワマンが大きく伸長しています）。

　世間の風評（間違った認識）だけで**判断せず**、実際に自分が行動し、駅を使い、**正しい理解＆正しい購入をした方々**、おめでとうございます。

　好立地であれば、ほぼ確実に**再開発があるでしょう**。再開発が決まる駅／地名の共通点は？ → <u>都心へのアクセスが良い＝駅／路線が強い</u>ことです。※

特に「JR東日本」が重要です（P.99参照）。

まだ出会っていない。 良い不動産探しのコツ

　基本的には合コンでモテる好立地の不動産推しなセカニチ。しかし、「今」合コンのモテ立地だと、値上がりして**手が出せない価格**になっています（港

「世界」の1日の乗降客数ランキング

順位	駅名	客数	国
1	新宿	350万人	
2	渋谷	310万人	
3	池袋	253万人	
4	大阪(梅田)	229万人	
5	横浜	216万人	
6	北千住	148万人	
7	東京	115万人	
8	名古屋	114万人	
9	ハウラー	100万人	
10	品川	97万人	
11	パリ北	92万人	
12	高田馬場	88万人	
13	難波	88万人	
14	新橋	85万人	
15	秋葉原	70万人	
16	天王寺	70万人	
17	三ノ宮	66万人	
18	ターネー	65万人	
19	大宮	65万人	
20	京都	65万人	

※出典: @996_12306 / ID:special-rapid223 https://special-rapid223.hatenablog.com/entry/20150628/1435461797

不動産は《恋愛》と同じ 「理想」と「現実」に正しく向き合う

区の一等地・3A+R など）。投資で大切なことは「**将来性**」を正しく**理解**すること。**長い将来を見据えて、黄金の立地の不動産を購入しましょう**。

　ポイントは2点あります。
① 《**実際のアクセス　◎**》：強い駅・中心地に電車で20分以内等。
② 《**イメージの先入観×**》：「今は」イメージが良くない駅／地名。

　実際の駅ユーザーの正しい感想（＝利便性）と世間の間違った風評（＝なんとなく嫌）にギャップが存在する。駅を使っていない人のなんとなく悪いイメージだけが先行している状態。

　例えば**武蔵小杉駅・川崎駅・蒲田駅・上野駅・川口駅**になんとなく悪いイメージを持つ人も一定数いますが、実は**交通の利便性が抜群に良い**。JRも私鉄も**路線最強**です。「一度住むと便利さを手放せなくなります by 住民」。

《◎実際のアクセス　と　×イメージの先入観》にギャップが存在する。
▶ まさに**黄金の立地の要素であり、利益を生み出す源泉**となります。

　本書で何度も述べるように【**再開発**】は不動産において**最重要**です。
「**アクセスが良い＆立地が良い＝再開発が行われる**」と私は信じています。
　「今は」イメージが良くない駅名／地名でも、**時間をかけて街が変わる。人々が抱くイメージも、「悪い」から「良い」に変わる**（＝不動産価格が上がる！）と、私は確信しています。

　もちろん再開発には**長い時間**がつきもの。**成功する投資**＝タネを植えてから収穫まで時間をかけてじっくり待つ。**黄金の立地**であれば、不動産を買って、どっしり待つのみ。何事も**長期的視点**で考えましょう。

　< *30代の会社員の声／大阪出身* >
　「川崎駅」で勤務する会社員です。仕事で地場の不動産業者と話す機会が多く、「駅から徒歩圏内は不動産価格が上がる」と、ポジティブな考えの方が非常に多いです。騒がしい飲食店や風俗街が、時間をかけて美化されていくことにより、ファミリー層が転居しやすい環境になると感じています。そうなれば、もともと持っていた駅／路線の利便性がよく活

きるはずです。

　実際、五反田駅はファミリー向けの素敵な環境も増えているようです。また、大阪もよく知っており、梅田・十三・天王寺・新大阪・中之島・堂島の再開発もすごい。古い / 悪いイメージも時間をかけて変わる見込みです。

※　ただし、**事実の把握**も大切です。「荒川の近くのマンションの1階」は売れ残りがちなのは事実でもあります。将来的な売却を見据えている場合は「自分が良いと思っても、他の人が懸念する要素」は必ず理解するべき。次に買う人が、自分の親や家族を説得できるか？等。世間一般層のなんとなくの**不安を払拭できる交通利便性の良さ**が提示できる好立地を買いましょう。

大きい & 強いターミナル駅とは？

＜大きい & 強いターミナル駅の目標 ※あくまで理想論＞
◎**複数路線**が乗り入れている
◎**各停以外も停車する（急行など）**
◎**乗降客数ランキングで上位に食い込む**
◎**エリアを代表する企業 / 商業施設（or 将来の再開発）がある**

　特に、東京5大ターミナル駅は**非常に特殊**で、日本最大級の巨大ターミナル駅（品川駅など）は「駅の改札から徒歩20分」でも、非常に高い不動産価値を持ちます（**＝黄金の立地**）。

※　好立地に飛びついたけど**実は地雷物件**だった…は、不動産あるあるです。黄金の立地＝ Not 地雷物件を忘れてはいけません。（P.104 参照）

　複数路線＝「JR」乗り入れが理想ですが、JR 以外だとしても複数路線が使えるターミナル駅であれば未来が明るいです。

　複数路線は理想条件ですが、東京都心は多数の考え方があり「急行以上が停まる」のを優先するのも有効な手段です。私の故郷の東京都調布市：京王線「千歳烏山駅 / 調布駅」は**他社の私鉄等の乗り入れ無し**ですが**強い駅**です（特急が停車）。同じ理論で小田急線「経堂駅 / 成城学園前駅」も複数路線は無しですが、**急行以上が停車＝強い需要**があります。

例：JR 中央線「三鷹駅」徒歩3分で「1億円超え」です！
シティハウス武蔵野　約1億2000万円、70.27㎡、1LDK+2S(納戸)

　また、**中野駅で家賃150万円/月**の高級マンションを発見しました。このように、時間をかけて時代は変わっていくのです（インフレで）。

「駅から徒歩20分」は《悪い》？ ➡都心＆好立地は強い

【結論】**大きな駅＝徒歩20分でも価値が高い。**黄金の立地（駅）であれば、**徒歩20分でも大きな価値**があります。**5つの理由**を述べます。

①**歩いて楽しい**（多数のお店/商業施設）：飲食店なども多数あり、たとえ徒歩20分あっても、お店の季節の変化等を**楽しみながら歩けます**。

②**バス等（徒歩以外）も使える**：重い荷物がある時や雨の日はバスを使えば良い。タクシーもすぐ。道が平坦であれば**自転車**も使えますね。

③**飲み会終わりに帰りやすい**：大きな駅は終電がAM1時近くまであり、**駅までたどり着けばどうにかなる**。例：渋谷で飲み➡終電ギリギリ➡ AM1時に品川駅までたどり着く➡徒歩で帰れる。

④**タクシー待ちを避けられる**：タクシーを長時間待つなら「**歩いて帰れる**」は、大きな価値です。PM11時30分、終電過ぎ＆雨…ではなくても、品川駅のタクシー乗り場が大行列になることも多々ありました。日本トップレベルの品川駅は土日の昼間でも20分以上のタクシー待ちの大行列が発生したことも。品川駅を起点とした**ビジネス/レジャーの強い需要**があります。

⑤**小さい駅も徒歩5分でサブ的に使える**：「ターミナル駅(徒歩20分)」＋「小さい駅(徒歩5分)」どちらも使えるのは**都心ならでは**。例えば**池袋駅↔要町駅**や、**品川駅↔北品川駅**や、**渋谷駅↔神泉駅**など。サブ的に使えます。

　ワールドシティタワーズ（港区に佇む、3棟からなる総戸数2090戸の42階建て超高層タワマン）は、**超人気**で価格も上がり続けています。品川駅から徒歩20分近くかかりますが、**バスはたった7分。サブ的に天王洲アイル駅も使用可。**

都心＆好立地の価値

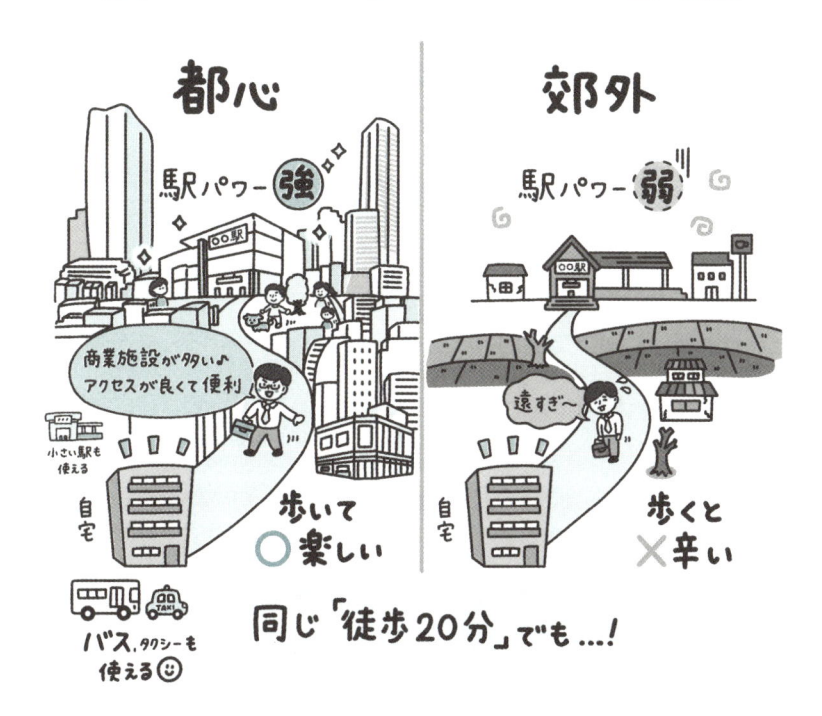

品川駅クラスのメガターミナル駅は、**徒歩20分でも遠くない**と私は推奨できます。界隈で話題のリビオタワー品川も、同様の理論で**推奨**です。「都心の徒歩20分」と「郊外の徒歩20分」は、まったく違うのです。

「駅から徒歩10分」は《良い》？ ➡マイナーで弱い駅は危険…

不動産の初心者あるある→「駅徒歩10分以内」とよく言います。
残念ながらこれは「駅のパワー」の概念が抜けている間違った要望です。
「徒歩10分以内」にこだわりすぎて、**マイナーで弱い駅を掴んでしまうと、再開発も無く、将来性が見込めない**ことがあります。これはチャンスを逃し

ている不幸な状態です。

例えば、JR 山手線「原宿駅」は凄く強い。駅のブランドがあり、複数路線が使える。**原宿駅から徒歩 20 分（北参道駅徒歩 5 分）だとしても大きな価値**があります。一方で、東京 23 区の端にある**マイナーで弱い駅の徒歩 5 分**には、**残念ながら将来性も無く**、価値も上がりにくい。不動産＝**駅のパワー**によると正しく認識すべきです。

最初から要望が狭すぎると、良い出会いを逃して自分が機会損失します。

《セカニチならこう伝える》
◎ JR の駅なら「徒歩 12 分以内」まで OK。複数路線が使える強い
駅なら「徒歩 15 分」でも可能。
◎それ以外の路線なら「徒歩 7 分以内」を希望。
【結論】ケースバイケースです。上記の徒歩分数を超える場合でも、
もし良い物件があればご提案ください。

以上です。狭すぎる要望からスタートするのは、良い出会いを逃して自分が損をします。皆さまに良い出会いがあることを願っています。

最強の立地 →「JR のターミナル駅」

繰り返しますが、**日本の鉄道は、世界 No.1** です。新宿駅はギネス世界記録に認定されています。**日本の不動産＝ JR が最重要**です。

※ P.93 のランキングを見ても上位は「JR 独占」の状態。

【特別企画！】「JR 路線マップ」をご紹介します。皆さまのお住まいの都道府県でも「JR のターミナル駅」は不動産価値として重要です。**JR 主体の再開発**を調べてみても非常に興味深いです。

JR「のみ」の路線図（首都圏）をマップにしました！ 不動産選びの参考にしてください。第一歩として、**JR への理解が大切！** 皆さまの勤務地のお

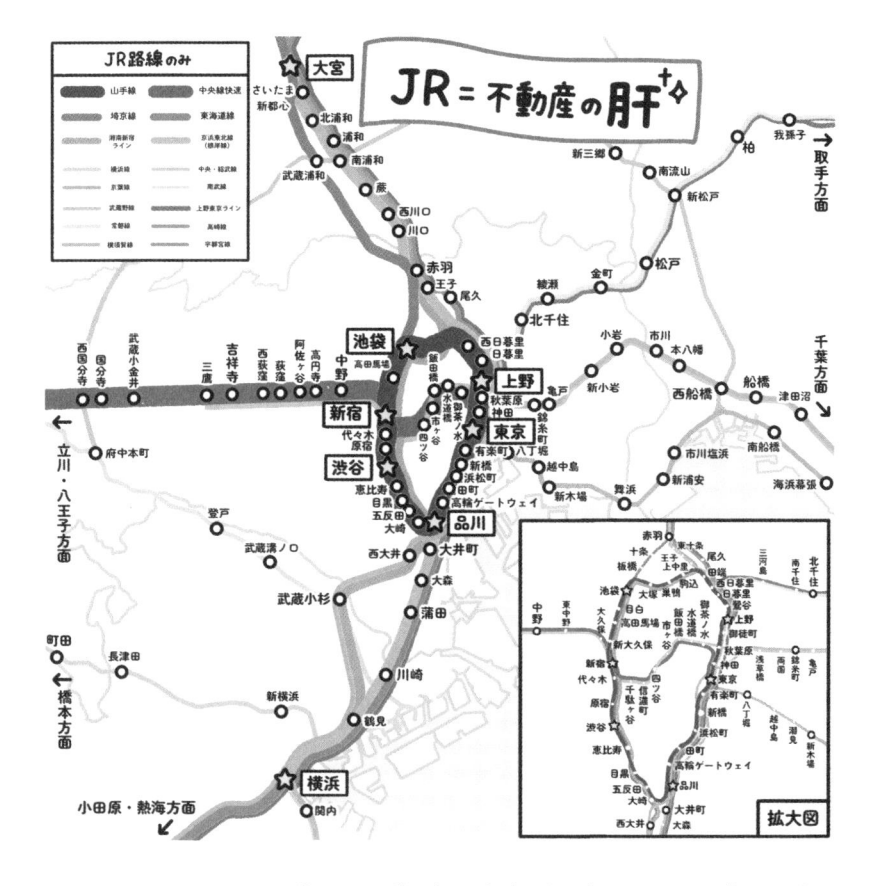

近くにも JR 駅はほぼ必ずあるはず。視野を広げる助けになれば幸いです。

※ 本当は日本の鉄道の歴史（約 150 年前）から述べたいのですが、スペースが足りません笑。興味がある方は「JR 歴史」「鉄道 歴史」等で検索してください。横浜・新橋・大宮の鉄道関連の施設への訪問も超オススメです。大宮駅「鉄道博物館」は超大規模でオススメ。親子でぜひ。

都心 11 区だけじゃない。
正しく視線を広げよう

P.79 の地価ランキングを見ると「都心 11 区だけ？」と思ってしまいます。しかし、実は都心だけではありません。大切なことは「伸び率」です。

2022 年 11 月時点からの値上がり率の上位（賃貸の家賃）、なんと「下町

エリア」が目立つ結果に。都心が高すぎて生活のコスパが良くないと考えて、**少しエリアをズラす方も増えています。**路線が強い／交通利便性の良い駅であれば下町も未来は明るいです。

▽東京 23 区「賃貸の家賃の値上がり率」
1 位：墨田区（+20.2%）、2 位：江東区（+18.5%）、3 位：足立区（+18.1%）、
4 位：荒川区（+17.5%）、5 位：文京区（+17.4%）
[出典] マンション家賃、23 区内カップル向けが最高　下町が人気（日本経済新聞）

都心「だけじゃない」東京都の注目マンション

　第 4 章では「都心の価値」を述べました。東京都は「都心 11 区」だけではなく、**視線を広げれば黄金の立地のチャンスは多数落ちています。**
　JR の駅ほぼ直結で交通利便性が良く、デザイン性も素晴らしいマンションがあります。**大規模な再開発により、今後も駅のイメージが良くなります。**

・［中野］パークシティ中野 ザ・タワー
・［十条］ザ・タワー十条
・［小岩］パークシティ小岩 ザ・タワー　**など。他にも多数あります。**
　世間的にイメージが悪い［赤羽］にも地上 26 階・100m を超えるタワマンの建設が決まりました。**「JR 東日本」×「タワマン」は非常に強い**と確信しています。「今」イメージが悪いことは、むしろチャンスです。

再開発地区に投資せよ
（埼玉県：川口、さいたま…など）

　「埼玉県」に注目しましょう。なんとなく埼玉が嫌だ…という人は一定数いますが、その考えは機会損失を生みます。「再開発の恩恵」は、東京都心

だけの話ではありません。実は、**タワマンの元祖は「埼玉」**です。

※ タワーマンションが最初に完成したのは 1976 年。場所は埼玉県与野市（現・さいたま市）だった。1976
年に建設された日本初のタワーマンション「与野ハウス」（さいたま市）。JR 埼京線「北与野」駅の目の前。
　[出典] タワーマンション元祖は埼玉　高層階志向、当時まだ低く（日本経済新聞）

東京が値上がりする中、《埼玉県（JR 駅）※都心にアクセスが良い》は、**非常に
アリ**だと感じています。例えば、JR を使えば、**浦和駅→東京駅は 26 分、川
口駅→東京駅は 29 分**で、**交通利便性も抜群**。他にも**大宮駅・さいたま新都
心駅**も発展しており、アクセスも良好。再開発により住環境も進化中です。

　「川口駅」は便利です。川口市は「川口駅再整備基本計画（案）」で、川口
駅に上野東京ラインのプラットホームを増設し、線路を移設する計画を公表
しています。今はまさに穴場です。世間では治安が不安と言われることもあ
りますが、再開発によりイメージは変わっていくでしょう。新たな羽田空港
アクセス線や上野東京ラインの将来性や、東京駅～高輪ゲートウェイ駅～品
川駅に勤務する会社員も増え続けることで、ベッドタウンとして人気が上が
る可能性があります。世間はそこまで気付いていないようです。

▽埼玉県川口市の**大規模**タワマン「戸数順ランキング」

　リボンシティレジデンス：868 戸、エルザタワー 55：650 戸、プラウドタワー
川口クロス：481 戸、パークタワー川口：465 戸、オーベルタワー川口コラー
ジュ：421 戸、エルザタワー 32：389 戸、サウスゲートタワー川口：361 戸、
リビオタワー川口ミドリノ：349 戸　など

＜住人のコメント＞ ....

　川口駅近くに住んでいます。夫婦暮らしで最近子どもが生まれました。世
間的には高年収の部類に入る大手外資コンサル勤務です。都心への電車のア
クセスも良く、車の運転も好きなので、川口の立地を気に入っています。

　治安の不安が話題になりがちですが、**川口駅から徒歩圏内は、交番も複数
あり、地価・家賃も少々高めな影響で不審者もおらず、悪くないです。**次い
で地価が高めの川口元郷駅付近も治安は悪くない印象があります。

※ それ以外のエリアだと若干の治安不安＆駅周辺の再開発の恩恵も渋いので、私からはあまり推奨できません。

　逆に言えば、川口駅の徒歩圏内の物件を狙えば手堅いです。特にファミリー
物件は、都心だと高すぎて住めない層からのニーズは必ず有ります。

埼玉県＝なんとなく嫌、は**時代遅れ**です。考えをアップデートしましょう。［浦和］浦和ザ・タワー、［大宮］大宮スカイ＆スクエア ザ・タワー、［さいたま新都心］ザ・パークハウスさいたま新都心、［川口］プラウドタワー川口クロス、［武蔵浦和］プラウドシティ武蔵浦和ステーションアリーナ…など。高級感あふれる人気のマンションは**埼玉県にも多数あります**。富裕層に喜ばれるデザイン性◎とアクセス良好◎であれば未来は明るいです。

【まだ間に合う！　埼玉県の人気新築タワマン】
①浦和ザ・タワー（URAWA THE TOWER）：埼玉県さいたま市浦和区に位置する大規模タワマン。地上27階建て、地下2階建て。総戸数は525戸。浦和駅から徒歩3分という便利な立地にあり、商業施設や教育施設、公園などが近くにあります。入居開始予定：2026年8月。
②パークタワー川口本町：埼玉県川口市本町に位置する三井不動産レジデンシャルの地上28階建てのタワマン。総戸数は225戸。都心へのアクセスが良好で、川口駅から徒歩6分。入居開始予定：2026年11月。
　川口駅前の旧そごう跡地は「三井ショッピングパーク ららテラス川口」に！　2025年5月開業。三井の本気がうかがえます。

※ 埼玉県の不動産は「すんで埼玉（@sunde_saitama）」をご覧ください。学生時代からの友人です。誰よりも埼玉愛が深く信頼できる男です！

　要は東京**以外**にも**黄金の立地はあります**。←本章で述べたい結論。
例：［神奈川県］川崎／横浜や、［千葉県］市川／船橋／幕張／千葉…なども、同様に素晴らしい選択です。「**都心にアクセスが良い**」「**JR**」が重要ですね。真の幸せをつかむために、目線を広げて、ご家族で話し合いましょう。

第6章

不動産投資の落とし穴

（地震・浸水・築年数・

勧誘・詐欺など）

「割安」でポンコツ物件掴まされ 「ワケアリ物件」よくある失敗例

《割安》という言葉。不動産を探し始めると、あなたはよく目にするでしょう。「誰よりもお得に不動産を買いたい！ 安く買って利益を出したい！」は、人間誰しもが考えて当然です。

しかし「それは割安ではなくて、ワケアリ（地雷）物件なだけでは？」というケースが多すぎる。

「割安」と「ただ単に安い」は意味が全く違います。

【結論】落ち着いてください。実は「割安」「高利回り」の甘い言葉の裏には危険性が潜んでいます。一見、好立地（？）に見える物件が割安（？）で売りに出ても不動産のプロであればリスク／危険性を見抜けます。

しかし初心者が無知のままワナを見抜けるわけもなく、「割安」に飛びつくのは危険です。

SNSインフルエンサー／営業担当者の「割安」という煽りに飛びつく前に。まずはこの章をゆっくり読んでいただけたら幸いです。「地雷物件」の時限爆弾はいつか爆発します。

Q.「地雷物件（ワケアリ物件）」とは？

見えない時限爆弾：物件の資料の紙だけでは一般人は見つけられないワナ。購入（売買契約）後にトラブルになることも多々。もしトラブルが起きれば、大損するのはあなたです。契約後では取り返しがつきません。

実際に失敗した方の悲しい声も多数届きます…涙。
「煽られて飛びついた／調べずに買った」
「隠れた危険性を十分に説明されなかった」
「ネガ要素のせいで数年経っても値上がりが渋い」
「売れなくてストレスを感じる」…など。これは不動産あるあるです。

《安物買いの銭失い》←不動産の本質です。投資の世界で、逆張りは死に

「割安」＝地雷物件 ⚠️キケン
（時限爆弾）

買う前

甘い言葉
割安？高利回り？節税？
月収支プラス

やめておこう
不動産のプロ

あなた
（オーナー）

パクッ

好立地（?）

不動産会社
不動産メディア
ニヤリ

実はワケありだった

買った後 安全性

モンスター住民
過去にトラブル

内装ボロボロ
予想外のリフォーム代の出費増

積立金が不足

サブリース✕

あなた
（オーナー）

騒音 排気ガス 濃いハザード

耐震✕ 管理✕ 風俗街

サヨナラ〜
￥

ます。成功のコツは《順張り》＝都市部 & 好立地かつ、地雷物件を避ける。
不動産も株も、投資の本質は同じです。

※「不動産のリスク」として思いつきやすい、《災害リスク》＝地震・火災・老朽化・津波・浸水については後
　述します。

　では、**不動産のプロは、具体的にどの要素を見ているのか？** 本書の読者
の皆さまに、**特別にリストをプレゼントします！**

業者は書けない（＝世間に知られてほしくない）㊙リスト 不動産のプロはここを見る！

※セカニチ独自

＜地雷物件リスト（ネガ要素）＞

騒音	電車 / 線路、クルマ / 道路が近すぎ。特に低層階は注意。
排気ガス	車通り多い / 高速道路　※ 4F でも高速道路の目の前も…。
眺望	壁ドン＆建物同士のお見合い・お墓・太い道路・下品な看板などの悪い View。
1F や周辺に店舗	騒がしい飲み屋 / ニオイが強い飲食店。
繁華街系＆治安不安	繁華街＆風俗街＆ラブホ街＆暴力団施設など。
NIMBY 施設	お墓・葬儀場・高速道路・線路・工場・下水処理場・ゴミ処理場・発電所・宗教施設・遊技場（パチンコ店等）…など。大型の救急病院や消防署が至近→深夜のサイレン音あり。
濃いハザードマップ	浸水・川が近い→氾濫リスク…など。地方は、津波・土砂崩れ・液状化リスクも必ず確認を。
虫出現	川が近く、夏に小さい虫がわきやすい。黒い G・ネズミ・シロアリ…などの過去の生物トラブルあり。
間取りが変	柱や水回りが変な位置。引き戸：寝室の防音性が悪い。
壁が薄い	生活音が漏れやすい→住人同士のトラブル / ストレスに。
モンスター住人	音楽の爆音、クレーマー気質、マンション内や近隣にゴミ屋敷あり…など。過去に隣人トラブル。激安物件によくある。
事故	人が亡くなる事故・殺人事件など（告知事項あり）。物件公示サイト「大島てる」の確認を。
日当たり	西向き（夏に灼熱）、北向き（冬に寒い）。
定期借地権	唯一無二な物件なら有りだが、基本は上級者向け。

＜築年数が経過している築古物件は特に注意＞

耐震性	旧耐震基準（1981年5月より前）。築年数が古すぎる。銀行の評価が渋い。値上がりしないリスク。築年数が古すぎ(旧耐震)で銀行のローンが厳しい（自分が買いにくい＆次の人に売りにくい）。
ピロティ構造	（1Fの壁がない吹き抜け）地震での倒壊リスクあり。
共用部が老朽化	廊下・ゴミ捨て場・エレベーター・駐輪場…等。
管理が悪い	自主管理・管理人不在。掃除されず共用部がボロボロ。
管理組合が機能不全	オーナー同士で連絡が取れず、合意形成できない。
修繕積立金の不足	正しく貯まっていない。過去にトラブルあり。
水回りトラブル	過去に浴室／キッチン／トイレにて、水漏れ＆浸水…等。
室内がボロボロ	内装や設備がボロボロ。購入直後に設備＆工事費を追加で請求される（エアコン／給湯器／床材…等）。水回りが汚い・タバコ・ペットの糞尿…等によって室内が壊滅状態。
温度	壁が古い＆薄く劣悪、冬が寒すぎ・夏が暑すぎ。※旧耐震注意
再建築不可	道路が狭すぎて工事車両の通行不可…など。

＜投資用で特に気をつける＞

サブリース（転貸）	悪い意味で王道。悪質な契約。もはや詐欺に近い。
オーナーチェンジ	（仲介だと）銀行の評価が渋い＝ローンを借りにくい＆売りにくい。
詐欺	想定の家賃収入がウソ。不動産会社が身内を住ませており、購入直後に退去された。入居者を新たに募集すると、家賃収入が暴落した。※「カーテンスキーム」で検索

節税	それは「脱税」だ。
高利回り＆ 収支プラス	立地が悪い・地雷の要素がある…等。
《最重要》 立地が悪い / 駅が弱い	再開発が無い / 需要が無い / 売れない。

…など。

※ NIMBY（ニンビー）施設：社会全体にとって公共的に必要ではあるものの、自分の家の近くに設置されることに反対される施設を指します。英語の「Not In My Back Yard（私の裏庭にはお断り）」の頭文字。

　上記の落とし穴で、法律上は告知義務では無いネガ要素も多数あります。不動産の初心者が初見だけで気付くことはできません。

　私レベルの不動産オタクになると、物件資料を見る＆スマホでぽちぽち検索するだけで地雷（落とし穴）チェックがほぼ完了します。逆に、売り手の業者すら気付いていない物件の隠れた魅力の発見もできます。具体的な方法は、Google の「マップ・航空写真・ストリートビュー・経路検索」を無料で使いこなすだけ。毎回現地に内覧しに行かなくても、物件の危険性や眺望もほぼ想像できますし、予測を大きくは外しません。

　今まで 13 年以上かけて数千軒の部屋を見続けてきた経験値です。
　私は本当に不動産マーケットを「毎日」見続けています。22 歳から実際に何百軒も足を運びました。不動産のプロになるには、5 年以上の経験が必要でしょう。
　あなたが不動産のプロでなければ、「割安」に飛びつく前にまずは落ち着いてください。不動産会社・不動産メディア（SNS インフルエンサー）から一方的に煽られるのはやめましょう。本書を活用し「ネガ要素」を正しく理解していただけることを願います。

※ いずれにせよ「無料」ですので、Google マップの各種機能を使いこなすことは超オススメです。Google さま、ありがとうございます。あとは自分の足を使って経験を積みましょう。
※ Google マップの使い方は長くなるので、今後 X や note で発信します。

　不動産の購入は大きなお金が動きます。人生で初めての大きな金額なので、不安にもなりますね。

例えば…「震災で建物が倒壊したら？」「老朽化で価値が落ちる？」「空室が続いたら？」「トラブルが起きたら？」「本当に節税になる？」など。

セカニチも23歳で初めて不動産を買う時は心臓バクバクでした。あらゆる情報を調べ尽くして、買うまでに約1年かかりました。不安な気持ちになるのは当たり前です。誰しもが通る道。一緒に疑問点を無くしましょう。

では本章で、不動産のリスク・気にすべき落とし穴（ネガ要素）・初心者が騙される手口を一緒に学んでいきましょう。まずは「節税」から。

不動産には節税効果がある？

【結論】節税になりません。それは99%「脱税」です。

不動産を買うと、むしろ税金は増えます。エサ（節税）に飛びつくのはNG。初心者を釣るための詐欺に近い言葉です。

現役の医師（高年収）に取材しました。悲しいことに「節税」を切り口にした悪質な手口／勧誘が増えています。

「節税のために不動産を買いませんか？」

知らない番号から営業電話がくる。毎週のように。不動産で「節税」を謳う業者ばかりだ。

「○○（患者）の親族です」「そちらの○○（医師）さんも買っています」と、名前を出して電話営業をしてくる不動産業者も。個人情報がだだ漏れ…。こんなに怪しい電話でも、「節税」の甘い言葉に釣られる思考停止の医師は非常に多い。皆、勉強はできるはずなのに不思議だ。

医師は世間的には大きな収入を得られるが、日々の業務に追われて疲弊し、金融の知識をインプットする時間がない。私の周りでも、お金＆税金を冷静に考えている医師は少ない。初心者＝不動産業者にとってカモだ。

「こんな良い物件はもう出ませんよ」「新築で、ガッツリ節税しましょう」と、不動産業者から煽られないように。

　職場の知人は、マイナーな駅の物件を同時に複数軒購入。過剰な「節税」ゴリ押しに疑問が生じた。勧誘も強引すぎる。納得いかない。求めてもいないのに、一方的に20軒以上の物件資料を送ってきた。しかも、どれもマイナーで弱そうな駅（ダメな立地）だ。

　「〇〇さんの年収なら、一気に3軒購入できます」「1軒あたり〇〇万円が経費で落ちます。節税になります」などのゴリ押しの謳い文句にウンザリ。

　この手口の裏側を、他の不動産のプロに聞いた。〇〇〇万円という膨大な経費を「自己責任」で確定申告させる。税務調査が入ってトラブルになったとしても、不動産業者は「私たちは確定申告に関与していません」と言って逃げる。悪質なスキームらしい。※架空の経費＝もちろん脱税で犯罪だ。

　不動産投資は節税にはならない。甘い言葉の実態は「脱税」だ。不動産投資では、むしろ税金は増える。初年度は「不動産取得税」がかかる。毎年「固定資産税」がかかる。※「減価償却」の考えは存在する

　[重要ポイント]不動産＝税金が増える、という結論だ。しかし‼　不動産ローンの良い枠（年収500万円以上で有利に投資用ローンが組める等）を活用すれば、その税金の出費分を「上回る」大きなリターンが狙える。

　仮に税金を払ったとしても、もっと得をすれば良い。だから高年収の会社員は不動産ローンの良い枠を必ず使うべきだ。

　不動産投資は「資産形成」が大きな目的。納税を上回るリターンがあれば良いと正しく理解できた。複数社を徹底的に比較した結果、正しい都心＆好立地の物件を買うことができた。

　また、別の大手企業の会社員の騙されかけた話も取材しました。

　「新宿区」の物件を提案された。一見、良さそうな立地だ。しかし資料の下部に**小さな文字**で「**告知事項あり**」との記載を発見。担当者は**悪い要素**（告知事項）に触れることなく、最後まで**黙っていた**。物件の良い面をゴリ押しするだけ。契約の日まで私から聞かれない限りは「**ネガティブな要素は黙っていても良い**」と考えたのか。

不信感が募り、購入は断った。

　不動産経験者から聞いた。上記の「**黙る**」**という手口**は多いらしい。例えば「都心＆好立地の提案」でも、その物件の周辺に有名な暴力団関連の事務所が…。入れ墨・怖い人・怖い車が出入りする近くに、普通の若者が喜んで住みたいか？ 空室リスクが大きく、危険だ。

　「周辺に NIMBY 施設がある」は**法律上は告知義務ではない**（明確な基準がない）。しかしその事実を「黙る」のは、**1 人の人間としておかしくないか？**

　「パッと見は良さそうに見える立地（しかし、**ネガ要素は黙る**）」は、投資初心者が引っかかりやすい悪質な手口だ。悪質な不動産会社の言うことを全て鵜呑みにしたら自分が大損する。「誰を信頼するか？」を間違えるのは不動産の大きなリスクだ。

[対策]「**どれだけ小さくてもいいから、ネガティブな要素を全て網羅して挙げてほしい**」と不動産会社にストレートに言おう！ ただし、悪意ある営業担当は「ネガティブな要素は見当たらない」と回答するので、やはり "人間性" を見極めるしかない。トラブル後に気付いても遅い。

[補足]**ネガ要素がゼロの完璧な物件＝「高すぎる！」**という側面もある。大切なことは、**担当者から誠実な説明があり、一見ネガティブに思える要素でもしっかり理解をすること**。その上で、**物件を愛せるかどうか**。生涯を共に過ごす**結婚相手を選ぶイメージ**。最後は皆さまの感情が決め手だ。

営業担当は「不人気物件」も売らねば儲からない＝言いなりはNG

　良い不動産取引は、良いパートナー選びから。数千万円〜数億円の買い物だ。物件選びはもちろん、「パートナー選び」も非常に重要。しかし、綺麗とは言えない、**残念な不動産取引が多い現実**も多数見てきました。

例：会社から**高いノルマを押し付けられている**・物件価格を高く売らなければならない・歩合給（成果報酬）がなければ**生活が困難になる**・初心者に冷静な判断をさせない・**強引に進める・不安を煽る**・「早く契約をしてください！」「他のお客様も検討中です！　今夜中に返事を！」…など。

　不誠実でダメな不動産の担当者も多数見てきました。
　大手＝すべて安心…とは**言えない**構造です。すべては「担当者による」という結論。ヤル気のある素晴らしい担当者もいれば、無気力な担当者もいます。どの大手企業もそうでしょう。

　我々には**比較し続ける**しか対策がありません。
　私・セカニチは当然、ヤル気に燃えている素晴らしい不動産会社のみとお付き合いを続けています。それが不動産取引の成功において**最重要事項**でもあります。**本気度／熱量が高い方限定**で、私の知見を共有致します。皆さまからの**熱意あるDM**を楽しみにお待ちしております。

立地が悪い（空室発生）＝不動産のリスク

　超シンプルですが、**立地が悪い（＝空室が生まれやすい）**は、不動産投資の最大のリスクです。

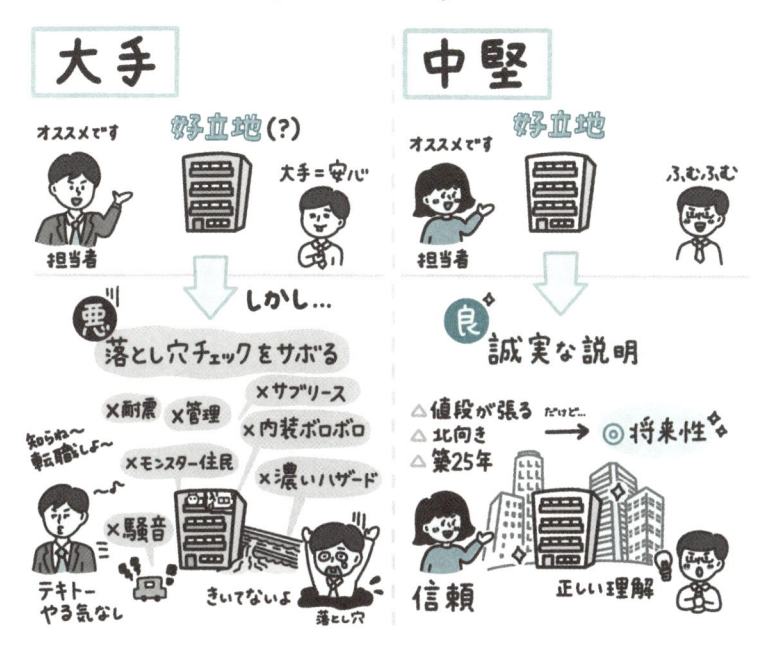

郊外（地方）→最終的に大損する。残念ながら、将来の日本の少子高齢化・人口減少は確実です。郊外／駅遠／地方の人口と経済は、数十年かけてジワジワと沈みます。

悲しいことに、逆転ホームランは存在しません。

高利回り・高いキャッシュフロー（収支）

「投資用不動産を買っても、月々マイナス収支かよw」→不動産の知識がコロナ前で止まっていますね。現在、都心＆好立地は物件価格が値上がりしており、毎月プラス収支になるのは、ワケアリ物件(＝地雷物件)が多く

なっています。もしくは、**郊外 / 駅遠 / 地方**で立地を妥協するか…。当然、セカニチとしては立地が悪い（空室リスクが高い）不動産を**推奨しません**。「都心＆好立地」＆「投資用ローン」＆「毎月プラス収支」＆「ワケアリではない（＝ Not 地雷物件）」全てを満たす▷こんな不動産は、**無いのです**。

「**強い駅＆好立地**」は時間が経てば経つほど、人口・経済・需要が大きく発展します。現時点で都心＆好立地の不動産が割高に見えてしまうのは、**将来性があって人気だから**。つまり**目先の利回り＆キャッシュフローは関係な**いのです。立地が良く、地雷要素が無ければ、将来的に不動産の価格が上がり、時差で家賃収入も上がるはずです。

実はリスクを避けられる！
築年数・地震・浸水など

地震・火災・老朽化・津波・浸水。災害リスクは怖いですよね。

「不動産投資」と聞いて、皆さまが思い浮かべる「**5つの不安**」を正しく理解しましょう。**正しく行動**すれば、この5つは回避することができます。本質的には恐れすぎてはいけません。**正しい対策**を一緒に学びましょう。

・「**浸水**」リスク：「ハザードマップ」は必須。 → P.116 で解説

・「**老朽化**」リスク：「修繕積立金」は重要。→ P.122 で解説

・「**火災**」リスク：火災保険に必ず加入します。物件オーナーの「義務」。

・「**地震**」リスク：東日本大震災の映像を見て「震災が起きたら物件が倒壊する」イメージを持ちますよね。でも実は、"**地震**"によって**倒壊した物件はほと**んどが旧耐震や木造の物件でした。そして大きな被害を受けた物件は、**ほぼ**"**津波**"によるものだったのです（津波という恐ろしい被害に遭われた全ての方のご冥福をお祈りします）。新耐震基準の鉄骨の物件は地震への対策が

施されています。

・「津波」リスク：東京の物件に関しては、**東京湾の形状的に、津波が起きないようになっています。** →P.116 で解説

　日本の物件の耐震構造の技術は世界トップレベルです。新耐震基準であれば、どんな地震があっても全壊はほぼ無いでしょう。「新耐震」「旧耐震」を正しく理解しましょう。**結論、旧耐震はオススメしません。** →P.128 で解説

　ではここからは、浸水・津波への正しい対策を学びましょう。
【結論】ハザードマップを見る・濃すぎる色は避ける（そもそも不動産を買わない）です。超シンプル。ハザードマップの知識＝一生使える知識の資産になるので、深く解説していきます。

「ハザードマップ」は必ずチェック（浸水・津波への正しい対策）

「ブランドの区」を優先か？　「ハザードリスク回避」を優先か？は、不動産の永遠のテーマです。不動産のプロでも判断が分かれます。正解はありません。正しい知識を持ったうえで、皆さまの人生が幸福となる判断をされることを願います。都心＆好立地・港区＆中央区を理解すれば +3000万円の利益が得られる可能性も。ハザードマップの"例外"【←重要】も紹介します。リスクを正しく知れば、不動産で利益を得る「再現性」があります。

Q. そもそもハザードマップとは？

▶ 河川の氾濫 / 浸水 / 洪水 / 土砂災害 / 津波 / 液状化などのリスクを可視化してマップ形式にしたもの。台風 / 大雨が来ると、内閣府の政府広報室が浸水等の危険性・ハザードマップの確認を周知します。

　ハザードマップが濃く塗られている ＝不動産の価値が落ちる…。
　「おっ、安いな！」と好条件（？）の不動産に飛びついたら、実は濃いハザードリスクがあった…というトラブルは不動産あるあるです。不動産会社の担当者に悪意があってリスクが隠されている場合、初心者の方が初見で気付くことは不可能でしょう。浸水などのリスクが大きい地雷物件＝売却時に値上がりが狙いにくい…。買う"前"に正しく理解をしましょう。

Q. ハザードになりやすい場所は？

▶ 川・海が近いという共通点があります。ハザードマップが濃く塗られており、津波・浸水・川の氾濫のリスク＝危険信号⚠️です。

　もちろん「津波リスク」がある地雷物件は、全くオススメしません。
　関東にも複数箇所あるサーフィンの名所は「津波リスク」があります。海

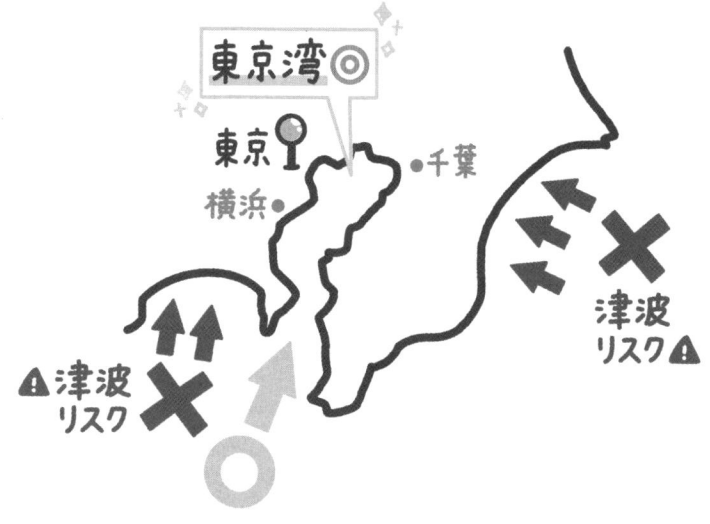

津波(地震)はリスクではない

東京湾◎

東京
横浜● ●千葉

⚠津波
リスク

津波
リスク⚠

狭まっているため、
東京の都心には津波が来ない。

沿いすぎる物件は要注意。一方、**東京湾でサーフィンをする人はいません**よね。つまり**東京（湾岸エリア）の物件に「津波」のリスクは低い**のです。

※「湾」の形状のため。江戸に拠点を移した徳川家康の先見の明がすごい！

【結論】東京で「津波」のリスクは低い。＞＞ しかし東京23区に「ハザード」リスクは有る。正しく理解しましょう。

　例えば、「荒川」の氾濫リスク。荒川沿いは濃い色＝浸水リスクがあります。川沿いすぎる＝不動産の価値は下がる。将来の値上がりも**期待しづらい**…。

※「荒川　ハザードマップ」で検索してください。

　ハザードが濃すぎるエリアに住宅ローンを組んで住んでいる人には申し訳ないです。残酷ですが**事実**。一方、川沿いすぎなければ過剰な心配は不要…とも感じます。**不動産＝総合点で判断するべき**。「JRの駅チカ」には大きな

パワーがあるのも事実。いずれにせよハザードマップの確認は必須ですね。

Q. 同じ東京 23 区で、なぜ土地の価値に大きな差が出る？

P.78 参照
▶「荒川」などの「川」の影響。
　首都圏の危険な川（氾濫リスク）2 大巨頭
1 位：「荒川」、2 位：「江戸川」
※ 東京都心の「隅田川」は上記 2 つと比べるとまだ穏やか＆大人しい。セカニチの経験値と嗅覚によります。

　荒川＝「日本 No.1」の太い川です。最大川幅は 2,537 メートル（鴻巣市と吉見町の間）。明治 43 年（1910 年）に発生した大洪水は、埼玉県内の平野部全域を浸水させ、東京下町にも大きな被害をもたらしました。
※ 明治時代の大洪水から 100 年以上が経ち、現在の荒川は対策が施されてはいます。ただ、現代でも荒川には浸水リスクが残っているのもまた事実ではあります。

　川の氾濫リスクが大きい場合、大手デベロッパー＆鉄道会社は再開発の投資が難しくなります。なぜなら損害保険会社が、大雨 / 洪水 / 浸水（＝水災）の損害保険を断るから。水災保険がなければ、再開発の事業リスクが高すぎて資金が出せなくなる。再開発しにくい＝不動産の価値は上がりづらいのです。「一般家庭向け」ですら、水災保険料は上がり続けています。濃いハザードの有無で、2 倍以上も保険料が違うことも…。保険が断られる高リスク物件＝不動産の価値が下がる…。

Q. 濃いハザードは何が危険？→「浸水」だけが本質ではない

　初心者が見落とすワナ。＝「浸水するリスクが高い」← 本質ではない
　最も気にするべきは 2 点！
①大規模な再開発が入りにくい！▶ 値上がりしにくいリスク。
②ハザードマップは 99% 変わらない！▶ 逆転ホームランは無い。

　このように、濃いハザード物件にはリスクがあります。ところが、悪徳な不動産会社は、売れ残っている地雷物件（濃いハザード）をカモの誰かに押し売りしたい。知識が無い初心者に、言葉巧みに営業トークをします。「2F

以上のお部屋なら、街が浸水しても問題ありませんよね」と。

　しかし、値上がりしにくいという最大のリスク（＝浸水“以上”に気にするべきリスク）を、わざわざ初心者に教えてはくれません。なぜなら法律上の告知義務は無いからです。前述の通り、悪徳な不動産会社は「ネガティブな要素を黙る」という卑怯な手口を使います。

※「液状化」を注意すべきエリアもあります。買う前に必ずご確認ください。

Q. 川沿い物件は何が危険？ → 恐怖の◎◎が出る

▶ 川沿い / 川から近くの物件は、私は避けます。虫が出るデメリットがあります…。《冬》は虫は出ません。冬に内覧して「なんだ、問題は無いな」と油断していると…《春〜梅雨〜夏》に虫が出る…。

　「自分の部屋に虫が出て嬉しい♪」と言う人は1人も会ったことがありません。女性ウケは悪い。だから不人気になり、賃料もアップしません。虫出現リスク＝「夏場の川沿い」は特に注意。川の近く→虫が出るのは自然の摂理として当たり前です。これは不動産会社が教えてくれない事実。なぜなら、不動産会社は虫リスクの物件も、誰かに売らなくてはいけないから…。なおかつ、1F・川沿い・夏場だと、恐怖の黒いGが出る可能性も…。

Q. ハザードのリスクを避けるには？

▶「○○区　ハザードマップ」でGoogle検索を。それぞれの区が無料公開しています。濃すぎるハザードマップ・川沿いすぎる物件は、基本的には“無し”と私は判断します。ただし、「都心＆好立地」「強い駅」＝《黄金の立地》であれば、薄いハザードマップは無視してもOKだとも私は考えます。

【重要】実は、
ハザードに「例外」がある

　ここから「重要な話」です。濃いハザードの危険性を訴えてきましたが、実は「例外」があります。「東京都心」「好立地」の不動産は、どんな時代で

も**非常に強い**という揺るぎない**事実**です。

　P.78 の東京都のイラストを見ると、**輝いている「都心 5 区」**が目立ちます。「都心 5 区」のキラキラの中で「**港区**」と「**中央区**」は、東京湾に面しています。だから**ハザードマップを正しく理解するべき**です。

　都心・港区・好立地のマンションを 5 年前に、7000 万円で買った先輩（会社員）がいます。現在なんと **1 億円 以上（！）**に。普通の会社員でも <u>3000 万円の含み益</u>を得ています。

　都心・港区・好立地であれば、**薄い色のハザード**があっても**買うべきだ**とセカニチは考えます。

Q. 東京都港区「港南」。ハザードマップをどう考える？

▶「**濃いハザードマップは避ける**」が鉄則。しかし「**港区・中央区**」は別格です。なぜなら**需要が強く、人気で、都心の超一等地**だから。

※ ちなみに品川駅＝港区（品川区ではない）。品川駅には「港南」口と「高輪」口があり、どちらも港区の一等地。

　「港区」はよく考えたら名前に「港」と入っています（＝東京湾が近い）。湾岸→穏やか。港区・港南にマンションを買ったフォロワーさんは 2 年で、なんと **4000 万円以上の値上がり…！** 2021 年以降、都心のマンションが急速に値上がりしているのは事実です。その中でも**港区の上がり方は最強**です。**2021 ▶ 2023 年。たった「2 年」で大幅な値上がり！**

※繰り返しますが、これはバブルではありません。

　「**都心＆好立地であれば**」という大前提で、浸水 3.0m 以下の薄い色のハザードマップであれば気にしすぎなくてよいとセカニチ個人は解釈しています。あくまでも**私個人の解釈**です。「**値上がりを狙う**」なら、**立地の要素（都心＆好立地）**はそれほど**超重要**です。港区＝最強の需要。

　他にも**都心の好立地のハザードの例外**が「**5 例**」あります。
①**湾岸エリア**、②**中央区（銀座等）**、③**浜松町**、④**麻布十番**、⑤**中目黒**

[疑問]「**中央区**」はなぜ価値が高い？　増水は？　川（隅田川）のリスクは

どう対策されている？

答▶「川の下流」であれば海（東京湾）に放出される。増水が海に逃げる。だから浸水リスクは高くない。

　中央区や江東区などの「川の下流」は、豪雨によって川が増水したと仮定しても、東京湾に増水が逃げる。だから氾濫・浸水リスクは高くないのです。

　湾岸タワマン（中央区・江東区・港区など）が人気の理由は、多少の浸水リスクがあるにしても、主要エリアへアクセスも良く、商業施設や公園も豊富で、生活利便性が高いこと。だから海外勢からも大きく支持され、湾岸タワマンは値上がりし続けています。

　実は中央区「銀座」にも、隅田川のハザードマップの色があります。しかし、中央区＝下流のため浸水リスクも下がります。銀座レベルの超一等地・強いパワーがあればハザードはそれほど気にしなくてもよいと私は思います。

※「中央区　ハザードマップ」で検索。

　逆に言うと、増水が逃げる場所が無い＝氾濫リスクが生まれてしまう…。つまり「川の上流」には氾濫のリスク有り…。埼玉県・荒川沿いの価値が下がったり、23区の土地の価値に格差があるのは、主にそういう理由です。

日本の気候の東南アジア化（スコール）

　異常気象？　「酷暑とゲリラ豪雨」が増加。

　ここ数年の「線状降水帯の発生頻度」と「風水害の大きさ」は、建設業界でも問題視されています。夏に35℃を超える…という異常な高気温は、昔は無かったですよね。たった20年でも気候変動は確実に起こっており、水災（浸水など）も深刻になっています。

　毎年の夏、「まるで日本が東南アジア化したかのような豪雨」が増えています。夏になるたびに、豪雨による洪水／浸水のリスクを常に頭に入れなくてはいけません。東南アジアのように強いスコールが日本でも頻繁に発生するようになりました。

　直近10年で初レベルの記録的な豪雨（災害級）が夕方〜夜に発生した2024年8月21日。なんと朝のニュース番組では「今日は終日、曇りの予報」と表示されていました。つまり災害級の豪雨だとしても、天気予報で予測することは不可能という現状です。洪水／浸水のリスクは前日に付け焼き刃の

対策をすることもできません。地球の気候は変動しているのです。

　だからこそ。**ハザードマップへの理解**をして、**浸水リスク**を「**根本的に避けること**」は不動産において**最重要**です。

　浜松町・麻布十番・中目黒なども深く語りたいのですが、スペースが足りません。「川の氾濫（水災）」について note で深く解説しています。「セカニチ　ハザードマップ」で**検索**をお願いします→《3000 万円の利益》を生む「都心・港区／中央区・不動産」の攻略法 - ハザードマップとは？

※　主に登場するエリア＝東京都心＞＞［港区］港南／芝浦／浜松町／麻布十番、［中央区］銀座／日本橋／築地／水天宮、［目黒区］中目黒、江東区、中野区、武蔵小杉、浦安、東京湾・荒川・江戸川・多摩川…など
※　荒川＆江戸川「以外」にも、隅田川・中川・多摩川・目黒川・神田川・古川など、首都圏で知っておくべき「川」は多数あります。必ず Google マップを確認しましょう。

「老朽化」＝「怖い」のか？

　「老朽化」は恐れすぎるリスクではありません。むしろ「宝くじチャンス!?（運が良ければ）**利益が出るかも!?**」と捉えても良いほど。もし築 40 年だとしても、**大きなポイント**は「**修繕積立金**」が正常に貯まっているか？「**立地**」が良いか？です。

　不動産会社にド直球ストレートに聞きましょう。
①修繕積立金は正常に貯まっていますか？　②過去の大規模修繕の履歴（「重要事項に係る調査報告書」等）を見せてください。修繕積立金は正常に使われていますか？　③過去にトラブルはありませんでしたか？

　皆さまも賃貸に住んだ経験があるなら、家賃に加えて「**管理費・修繕積立金**」を毎月払っていませんでしたか？　もしくは、あなたが「管理費」の名目で支払い、裏側で不動産オーナーが管理費に加えて、修繕積立金も毎月払っています。

・**管理費**：ゴミ収集場／廊下などの共用部を掃除する等の**人件費**。
・**修繕積立金**：その物件に住んでいる人たち→不動産オーナーのお金を**全員**で毎月コツコツ集める。**積立金＝元気玉**に例えられます。40 年間コツコツ

と正常にお金が貯まっていれば、**非常に大きな積立金（元気玉）になってい**ることでしょう。

　その元気玉を使って、古くなったマンションを全て壊して、**新築のマンションに建て替え・再開発**が行われることも…?!　ただ、オーナーたちの合意形成は必須です。意見集約＆計画決定に**10年以上かかることも**あります。

　（仮に再開発が確定した場合、）建設期間の引っ越し費用＆発生する家賃も、**元気玉から捻出**されます。あなたの新たな費用負担は少ないことがほとんど。にもかかわらず、新築マンションが手に入る。なんとラッキー案件か…！

※　建て替え・再開発の話は「必ず」ではありません。あくまでも1つの可能性として、運が良ければ…程度に
　　ご認識ください。物件によってケースバイケースです。

　物件を買う前に、修繕積立金の確認は**マスト**です。**修繕積立金の元気玉が**

正常に貯まっていれば、むしろ**老朽化＝チャンス**と言えるでしょう。

　キーワードは「地権者」＝その土地を所有する権利・利用する権利をもっている人。私・セカニチは**地権者**です。**新宿区に築40年以上の不動産（1LDK）を保有**しています。物件名「ライオンズマンション西新宿」→1980年築。適合証明有り＝フラット35可。11階建て、180戸。この物件は間もなく解体されます。日本最高層の65階建ての新築タワーマンションに建て替えられます（2031年）。「新宿の」最高層ではなく、「**日本の**」最高層のタワーマンションです。これまで40年以上もの間、**修繕積立金が正常に貯まり、正常に使われてきたからです**。もちろん私は物件を買う前に修繕積立金を確認し、全てを理解して**2017年**にこの不動産の購入を決めています。なんと「12年以上先」の再開発を把握して購入しました。

※当初は2029年予定。地権者の意見集約＆計画決定に時間がかかり、2年ズレました。

　2031年に新タワマンに建て替えられたら、当然、**3倍以上の価値**になることは確定しています。上記の**利益の源**は、**立地へのこだわり**も大きな要因です。そもそも**都心＆好立地だからできる芸当**。郊外／駅遠／地方エリアでは、再開発マネーと利益を掴むのは**非現実的**です。やはり、# 不動産は立地が全て。詳細はXやnoteで公開しています。「ライオンズマンション西新宿　セカニチ」などで検索をしてください。

「詐欺」の手口
〜 SNS やギフト券に釣られる

不動産の世界でも「詐欺」が非常に増えています。

　入口は、SNS広告や、ギフト券／ポイントのプレゼント。まさに「タダより高いものは無い」。不動産投資で騙されやすいのは、会社員や医者等。社会に出て「既に信頼関係が築かれている取引先」等とのやり取りばかり。信頼関係を疑わずに日々過ごす。だから騙される事に慣れていない。甘い話も信頼してすぐ騙されてしまう…。お人よしの日本人らしい構造です。

　前述の詐欺／トラブルだけではなく、他にも「マルチ商法の勧誘」「デー

ト商法」「マッチングアプリ経由の勧誘」「不誠実な SNS 広告」など、**詐欺の手口は無数**にあります。スマホを触っているだけで、無意識に釣られてしまう恐怖の時代になりました。騙されないための知識・悪質な人物が使う手口などをセカニチの note 等でまとめています。「**セカニチ　騙されない**」「**セカニチ　手口**」などで検索＆拡散をお願いします。

住宅ローンで買って、後から賃貸（投資用）にする？→絶対に NG！

住宅ローンの自宅用（住む用）物件は、気軽に賃貸に出せません。
SNS の不動産インフルエンサーが「**割安の物件を見つけた〜！** 住宅ロー

ンで買って、自分が住まなくなったら賃貸にして貸し出しちゃえば良いよ！低金利で引っ張れるから、**高い利回りになるよ！**」と、気軽に SNS で勧めている投稿を見たことがあります。これは**無責任**かつ、**悪質**です。

「**住宅ローン**」で物件を購入後に「**投資用**」として賃貸に出すことは、「**一括返済**」などで銀行から売却を求められる**重大な罪**になります、一瞬で**数百万円の損失**にも繋がります。お金・時間・社会的信用も全て失う。損をするのはあなたです。

そして、住宅ローンの悪用・銀行に虚偽の申請＝「**詐欺罪**」にあたる可能性もあります。「住宅ローンを組んで、すぐに賃貸に出す」という前提の住む用不動産の購入は、**絶対にダメ**です。SNS のインフルエンサーの**軽い言葉**に釣られてはいけません。実際、住宅ローンの悪用で逮捕者は出ています。

[参考] 都内の街頭で行ったアンケートで得た連絡先から男性に連絡→「低金利でローンを組める」などと犯行を持ち掛ける手口。無職の男が戸建て住宅購入のためアルヒの店舗を通じてフラット 35 に申し込む際、健康保険証や企業の在籍証明書などを偽造し、アルヒ側から融資金約 2800 万円をだまし取った。

[出典]「フラット 35 悪用し詐欺容疑　ローン最大手アルヒ代理店元社員ら逮捕」2024 年 2 月 6 日（朝日新聞）

要するに、自分が住まない**投資用の不動産**であれば、**投資用ローンで正しく買いましょう。**

住宅ローンと比較して、投資用ローンは金利が高い。だから「投資用ローンはダメ！」と言うインフルエンサーもいますが、**間違っています。**

【結論】不動産ローンは組めるだけたくさん組む・どっちも組む。これが正解。皆さまが住宅ローンを組み終わったら次は投資用ローンですね。不動産のローンは組めるだけ組んだ人が最終的に勝つ！とセカニチは確信しています。

なぜ「軽い言葉」で釣りたい？ 悪質な不動産業者

自分の SNS 経由で不動産が売れれば、裏でキックバックがもらえ…（もごもご）。年収が低く、信用力が低い人でも「住宅ローン」ならローンが通りやすい。ワケアリ・ダメ物件でも「高値」で売りやすい。だから、裏で紹介料を受け取…（もごもご）。

【結論】「人に貸し出す前提の住宅ローン」は危険な考え。繰り返しますが、

住宅ローン＝貸し出してもいい？

銀行に虚偽の申請をするのは「**詐欺罪**」にあたります。

Q. 正式な理由があれば賃貸OK？

　後から**トラブル**になったケースが多数。正式な理由があったとしても、「**問答無用に賃貸に出すのはNG**」の銀行もある。

▼《フラット35》

　「転勤」などの"正式理由（事実）"があれば、問題ありません。

　もともとは「結婚」も理由として認められることが多かったが、**悪用する人が増えた結果、最近はかなり厳しくなっています**。ケースバイケースすぎるのでなんとも言えません。もし結婚を控えていて気になる方は金融機関に問い合わせてください。

※ただしフラット35の固定金利は、最近では金利が上がっており少し苦しい条件になっています。

▼《他の銀行》

　ケースバイケース。厳しい銀行では「住宅ローンという名前がついた契約は、どんな事情があっても物件を貸し出すのは認めない。賃貸にまわして家賃収入を得るのはNG。契約を破ったら一括返済」という回答のところもある。組む前にしっかりと銀行に確認すべきでしょう。

例：正式に海外転勤が決まった。後から「住宅ローンのまま賃貸NG」の規約に気づく。新たな銀行を探す羽目に…。ストレスがかかり、時間を失う。

【フォロワーさんの体験談】「三井住友銀行」で住宅ローンを組んだ。「結婚」という正当な理由を申告して賃貸に出そうとしたところ…、ビックリ。なんと「結婚＝自分の意思」なので「賃貸に出すのはNG」とハッキリ言われた。

　[空き家にする]or[売却する]の2択しか無いそうだ。一方、結婚ではなく「海外駐在＝自分の意思（自己都合）ではない」という理由であれば、住宅ローン継続のまま賃貸に出すのを認めるケースも。　もちろん海外駐在となった正式書類（辞令など）のエビデンスの提出は必須だ。

※ 公式は存在せず、すべてケースバイケース。住宅ローンを組む前に、金融機関に入念にご確認ください。

旧耐震＝「怖い」のか？

　結論：旧耐震は初心者には推奨しません。

　日本の物件の耐震構造の技術は世界トップレベルです。どんな地震があっても全壊はめったにありません。私の経験上、強い地震があってもヒビが入ったなどの話はほぼ聞いたことがありません。特に1981年6月以降の新耐震物件は全て厳しい基準をクリアしており、地震に対する補強は徹底されていると私は感じます。

　一方、旧耐震と呼ばれている1981年5月より前の物件は地震による倒壊リスクがあるので、**私は推奨しません。**旧耐震は割安物件に見えますが、融資のハードルがかなり上がる／売りにくいので、初心者は避けるべきです。

※「新耐震の物件でもまだ不安」という方は地震保険があります。マンションの場合、管理組合で既に加入済みの場合があるのでご確認ください。最後は自己責任でご判断ください。

恐怖の「紹介料」ビジネス

　大手の会社員が「先輩からの圧力」で新築ワンルーム業者を紹介され、ダメ立地＆極小物件なのに3500万円で購入…。この「紹介料」ビジネスでは、先輩に**1撃で200万円以上の紹介料**が出ていることもあります。年収600万円の会社員が受け取っているケースや、医者が医者を騙す事例も聞きます。

　ほとんどが「節税」の切り口のため、特に「年末」に多いです。年末調整で会社員が税金を意識する瞬間ですね。「年末までに買わないと！」と焦らされる。節税代わり・生命保険代わりなどと言われて、物件の価値**以外**の内容でしか話せないダメ物件です。もはやマルチ商法や詐欺に近いですね。恐怖。先輩からの圧力を感じても**断る勇気**を持ちましょう。

※ 良心的な不動産会社の前提で、紹介料が10～30万円程度なら違和感は無いです。

ワンルーム＝「怖い」のか？

【結論】**物件による（立地による）**。

　SNSでギフト券やポイントを配る広告が蔓延（はびこ）っている**ワンルーム不動産投資。ほぼ大損します**。99％は疑うべきであり、広告に釣られて騙されたら大きく損失します。

　ただし、ワンルーム＝全てNG **ではありません**。事例があります。

・三田ガーデンヒルズ：「29㎡」1億円（坪1200万円）
・麻布台ヒルズ レジデンスB：「30㎡」3億円（坪3000万円）

　超高級マンションでなくても、**たった2年で1230万円の利益を生んだ23㎡のマンション**もあります（港区の好立地）。詳細はnoteで解説します。「**セカニチ　ワンルーム**」「**セカニチ 高年収の医師**」で検索をお願いします。

※ note記事①：Q,「ワンルーム投資はやめろ」は本当？▷【結論】「好立地」は全てを凌駕する。投資用不動産の質問に答えます。
※ note記事②：「たった8ヶ月で＋180万円up！」高年収の医師が学んだ、不動産投資の2つの極意とは？

　ワンルーム不動産投資の**99％は大損**です。正しく努力できる人以外には推奨はしません。**精神が強く「物件による」を見極められる人限定**です。

住民とのトラブル対応は？
確定申告 / 税金の対策は？

・保有している不動産の管理を任せたい方
・相続税の対策 / 優秀な税理士を探している / 確定申告でお困りの方
・空室が不安な方

　人気の好立地かつ Not 地雷物件であれば、空室で苦しむ等のトラブルに悩むことはあまり考えられません。むしろ「新入居者にして家賃を上げたいから早く出ていってほしい」という空室とは真逆の悩みを聞くことがほとんどです。残念ながら、本書では解説のスペースが足りません。X や note で解説しているのでぜひご参照ください♪

※ note 記事：不動産の「管理」は超重要！ 不動産を買った後＝スタートライン ▷ [自分が保有する物件を賃貸に出したい方へ]

「最大のリスク」とは？
➡ 「◎◎しないこと」

　「リスク」の本当の意味は？＝「不確実性」です。ネガティブな意味ではありません。要は、正しく不確実性を理解すれば良いだけ。**勇気を持って行動し、チャンスを掴み取っていただきたいです。**

　日本円の価値が下落する中で、私たちが最も意識するべきは「**投資しないリスク**」です。「行動」しないことが最大のリスクでしょう。

第7章

「日本人＆会社員の特権」を活かせ《ローン攻略法》

借金とは
「未来に行くタイムマシン」

　正しい知識さえ持てば、リスクを最小化しつつ、**35年後に数千万円の不動産（＝資産）**を手に入れられます。年収によっては3軒以上買える人もいるので、**資産は余裕で1億円を超えます**。第1章でも繰り返し述べました。

　不動産→大きなチャンスがある！にもかかわらず「不動産＝**怖いもの**…」「借金＝**リスク**…」と誤った認識が世間に存在します。**なぜでしょうか？**
　正しい知識を持たずに、SNS広告をクリックし、**ギフト券やポイント3万円のプレゼントに釣られ**、しつこい**営業電話**に引っかかり、悪徳業者から不動産を購入してしまうと…大損します。更に、**私の親世代**には、1990年初頭の**バブル崩壊**によって不動産／土地で大損した人も無数にいます。

　これらの惨事の**全ての原因は？**→《**間違った不動産ローン・間違った不動産価格**》で、ダメな不動産を（悪い人間によって）掴まされたことです。悪い人間たちの手によって弱者の中で被害が広まり、不動産への誤った認識も広がってしまいました。

※ 1990年初頭に起きた事案は「バブル崩壊」ではなく「大量の詐欺事件だ」と私は認識しています。

　逆に言えば《**正しい不動産ローン・正しい不動産価格**》で、良い不動産を掴めた人は、**大きな利益**を手にしています。実は皆さまの周囲にも、**数千万円の利益を掴んでいる会社員は無数**にいます。残念ながら、騙されて損をした側の人たちはこの事実を知りません（目を逸らしています）。

　不動産で成功するために必須な知識とは？
▶ キーワード：「**未来に行くタイムマシン**」「**正しい借金**」です。

※ その他にもこの章で知っていただきたいキーワードは、「財務三表（特にBS）」「金利上昇は怖い？」「住宅ローン・投資用ローン・物件担保ローン」「銀行評価の歪み」「悪立地の高値づかみが起こる原因」「団体信用生命保険（＝団信）」です。

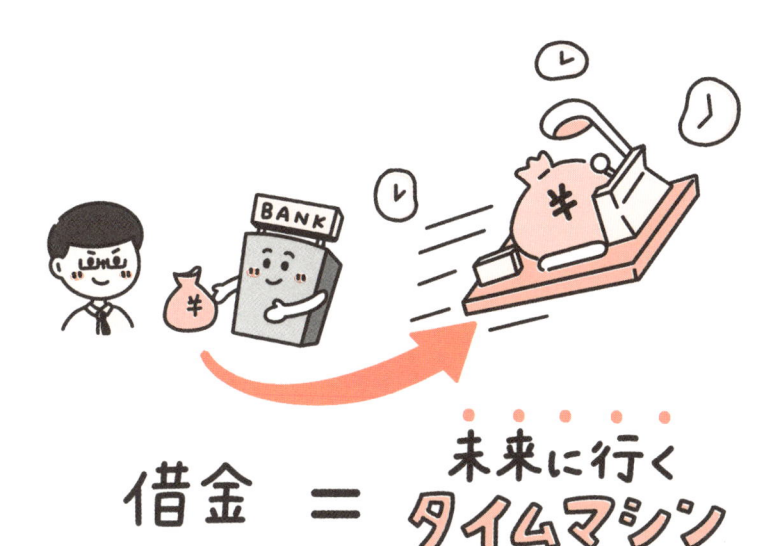

借金（融資）は得をする！

借金 ＝ 未来に行くタイムマシン

「借金5億円の男」＝ 怖い？

「借金5億円の男」と聞くと、きっと**ネガティブな感想を抱く**でしょう。

ほとんどの日本人は《借金＝悪》と考えます。が、**実際は真逆**です。借金には、**正しい借金**と**間違った借金**があります。

正しい借金であれば、それは**未来に行くタイムマシン**です。

つまり「良い物件を買うために、不動産のローンを組んだ」とあなたの友人が言っていたら、かけるべき言葉は「**タイムマシンGETおめでとう**」です。そして実は、「**借金5億円の男**」とは私のことです。

不動産における「借金」とは、<u>超ポジティブな言葉</u>です。正しい価値のある物件を手に入れれば、<u>借金の分だけ資産</u>をもつことができます。正しい価値の物件を手に入れるために、まずは基礎となる借金（＝融資／ローン）を理解しましょう。

誤：ローン＝借金＝悪
正：ローン＝未来に行くタイムマシン

「バランスシート」？
なにそれ美味しいの？

「**財務三表**」とは？→会社や個人のお金の状況を数値で測るもの。

◎ **PL（損益計算書）**：**利益**。いくら稼いだかを表す。売価から原価や販促費用を引いたもの。会社員にとっては<u>給料−生活費＝貯蓄</u>というイメージ。

◎ **BS（貸借対照表）**：**資産**。何を持っているかを表す。左（借方）↔右（貸方）は同じ大きさ。純資産と借金の割合も分かる。

◎ **CF（キャッシュフロー計算書）**：**お金の流れ**。現金の in/out。**不動産の経費と家賃収入の流れ**。不動産や株や工場への投資の考えの元となる。

　あなたが結婚相手を選ぶ時も、実は**財務三表の知識**が役に立ちます。
　日本人は結婚相手を選ぶ時に本業の年収（PL）**のみ**気にする方が多いですが、この思考は**会計学的には欠陥**があり、良い相手を見逃しています。結婚相手に対しても、以下の３点をチェックしましょう。

☑ **年収（所得）**→いくら稼いでいるか＝<u>PL</u>
☑ **資産（株／不動産／現金）**→どれだけ持っているか＝<u>BS</u>
☑ **毎年いくらお金を届ける流れがあるか**（保有資産等によって）＝<u>CF</u>

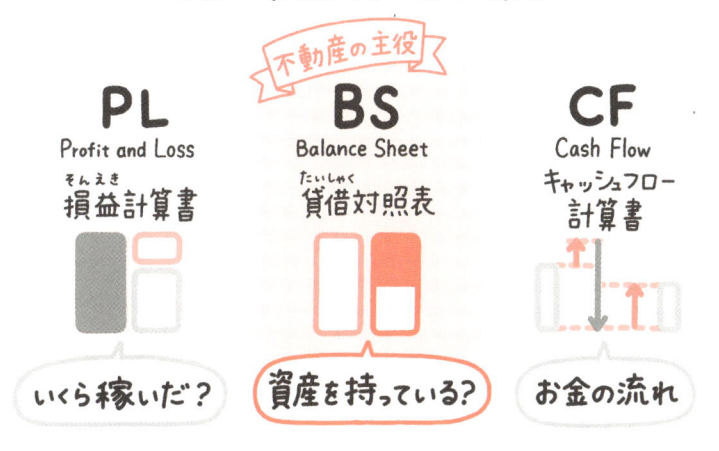

不動産の主役は、バランスシート（貸借対照表。以下、BS）です。

負債額は「借金」ではなく 「資産」である（バランスシートとは）

　仮にあなたの友人が1億円の不動産を持っているとします。BSを理解していないと、「1億円の不動産を持っている！　すごい！」で話が終わってしまいます。しかし、正しくBSを理解していると「1億円のローンで買った」or「1億円の自己資金で買った」or「5000万円はローンで、残りの5000万

円は自己資金で買った」か、一目でわかるのです。

　いわゆる「純資産」だけを資産だと思っている日本人が多いのですが、そんなことはありません。**不動産や株のように、「家賃収入」や「価値アップ」などでお金を生むマシンを資産**と呼びます。

　健全にお金を生んでくれるのであれば、**借金をしてでも早く手に入れた人が 30 年にわたって大金を手にします**。つまり、**負債額・借金（ローン）とは未来へ行くタイムマシンであり、《借金 = 資産》**なのです。

※ バランスシートの詳しい解説は［セカ本① P.130 〜 135 参照］。

キーワード「正しい借金」

　本書の主役を 2 人ご紹介します。
①**ゆうし君＝とてもマジメです。**
②**サボり君＝サボり癖があります。**
　2 人は**年齢・勤務先・入社年次・年収・資産のどれをとっても全く同じ条件**です。しかし、ゆうし君の 25 歳時の行動で 2 人には**大きな違い**が生まれました。→それは…**融資実行（借金）** ！

◎**ゆうし君（25 歳）**：彼は融資を実行するゆうし君。財務三表を勉強して《負債 = 資産》を理解済みです。**彼は融資（借金）で不動産を買うことを決めました**。不動産会社や物件の比較をサボらず、不動産を探す努力を欠かしませんでした。さらに不動産だけではなく、NISA でアメリカ株や投資信託もコツコツ買い、企業型 DC/iDeCo 等もフル活用していました。
◎**サボり君（25 歳）**：彼はサボり癖のあるサボり君。「不動産にはリスクがあるからムリ」と決めつけて、自分の意思で**融資（借金）を受けませんでした**。そして馬券と宝くじを買い、娯楽で散財しました。

　借金が「有る」ゆうし君か、**借金は「無い」サボり君**、皆さまはどちらを人生のパートナーに選びますか？
　日本人は借金（ローン）に対して悪い印象を持つ人が多いですが、その考えで結婚をすると良い相手を逃します。
　そんな 2 人は、**30 年後にどうなっているか？** 一緒に見てみましょう。

25歳

勤務先・入社年次・年収・資産＝全て同じ

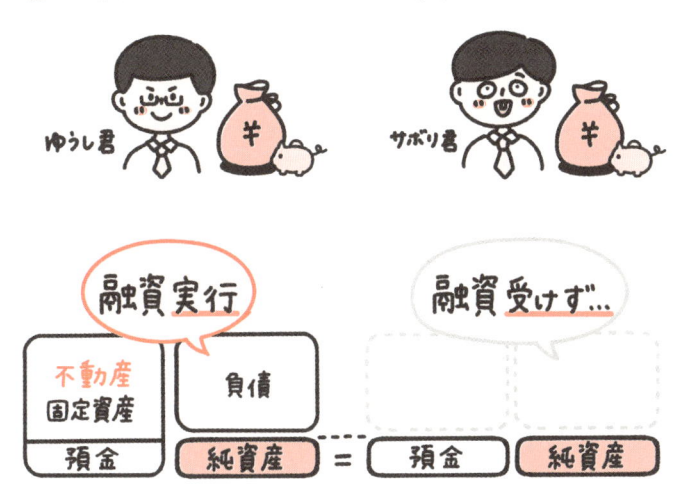

55歳

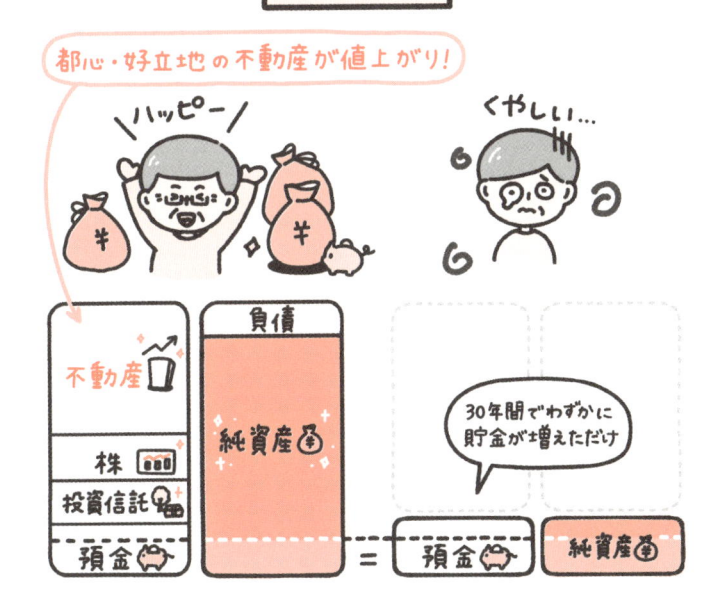

全く同じ年収だったはずの
ゆうし君とサボり君に大きな差が…

　55歳になったゆうし君とサボり君。ゆうし君は元気ですが、サボり君は元気がなさそうですね。なぜでしょうか？

◎ゆうし君（55歳）：**純資産は爆増！** 街の再開発を正しくインプットして**融資（借金）を実行したので、買った不動産の価値が上がり、純資産が大幅**に増加しました。時間をかけてローンはあとわずかで完済！　だからゆうし君はハッピー！

　更に、コツコツ買っていた株や投資信託も大きく成長しました。実際、**NVIDIA株は直近26年間で3150倍になっており、たった3万円の投資が約1億円になる**ことも現実で起きています。

　長期的な視点では株／投資信託は右肩上がりです（社会のインフレは進むもの）。仮に55歳になった「後」から不動産を買おうとしても、インフレ進行後で不動産価格が上がった後に簡単には買えません。

　やはり《早く融資（タイムマシンGET）＆投資を始める》と《正しい不動産や株を選ぶ》は大切ですね。ゆうし君は25歳で努力をしたので莫大な資産を形成することができました。

◎サボり君（55歳）：純資産はほぼ変化なし…。競馬も宝くじも当たりませんでした。飲み会や人付き合いなどで**散財**。わずかな貯金だけはしていたものの、ゆうし君と比べると純資産は少ししか増えていません。**彼は全く投資をしませんでした。今後もずっと貧乏のまま。**これからも苦しい生活は続くでしょう。だからサボり君はこんなに**悔しそうなのです。**

結果：ゆうし君の圧勝。

　25歳の時点では全く同じ条件だったはずの2人。55歳の2人に大きな差が生じた理由は？→ゆうし君だけが融資（借金）によってお金を生むマシンを30年早く手に入れたから！

※ 私が伝えたいことは「とにかく借金をしろ」ではなく、「正しい借金をしよう」です。ゆうし君は不動産を買う上で健全な努力をしました。複数の不動産会社を比較し、再開発の情報も調べ、知識をつけた上で【将来性がある不動産】を買いました。その結果、大成功を掴みました。たった数分間の問い合わせや電話をサボって1〜2社の不動産会社しか見ず、複数の物件を**比較せずに**不動産を買ってしまう人は必ず大損します。

※ バランスシートや財務三表に興味を持った方は大手町のランダムウォーカーさん著の『会計クイズを解くだけで財務3表がわかる　世界一楽しい決算書の読み方』（KADOKAWA）をお読みください。

「納税」で黄金のチケットをGET！
会社員こそ不動産

◎ 「銀行」＝人生のパートナー：あなたの人生の味方を探す旅。
◎ 「納税」＝黄金のチケット：チケットを資産に換える努力は必要。

「はじめに」で述べたとおり、私は会社員として疲弊していました。

「なぜ自分は労働しているのだろう？」「会社員のメリットって何だろう？」と考えて、社会人1〜2年目の時に不動産関連の本を読みあさりました。

Q. 会社員の《唯一のメリット》は？
【結論】不動産ローンを有利な条件で組めること。

あなたが年収500万円以上の会社員であれば、**源泉徴収**という魔の仕組みで、自分の意思とは無関係に多額の**納税**をしています。

そのかわり、皆さまは有利な枠（＝黄金のチケット）を持っています。社会的信用のある会社員であれば、年収の7〜8倍ほどなら、超低金利で35年ローンを組んで不動産が手に入ります。せっかくなら**フル活用**しませんか？

10年前までは、たいてい不動産を買うためには多額の頭金が必要でした。現代の低金利時代において、不動産を買うのに**多額の頭金は要りません。**

残念ながら私の親世代はこの事実を知りません。不動産購入を親に相談すると**反対されがち**ですが、「**大きいローンが引っ張れる**」「**低金利**」「**活かさないと、もったいない**」と事実を伝えるべきでしょう。

※ ちなみに投資用不動産では前金（≠頭金）として約 100 万円が必要になることも。35 年後に数千万円の利益が得られるなら、最初の約 100 万円は "ほぼゼロみたいなもの" と認識しても良いのでは。

第4章で述べた通り、私は原宿駅近くの不動産を会社員2年目で買いました。当時の頭金は**ほぼゼロ**でした。

会社員って、満員電車に揺られ、好きでもない上司に嫌味を言われたり、取引先とのトラブルで友達と遊ぶ予定が潰れたり…。本当にストレスが溜まりますよね。私は会社員時代、毎日がストレスで苦痛でした…。しかし**【ストレスに耐えたご褒美】**として、あなたは**【社会的信用】**を持っているのです。

有名企業会社員の生涯年収は3〜6億円です。**生涯年収が見えている＝社会的信用力が高い。銀行側の視点**から見て、"お金を借りてほしい超優良顧客"になります。

つまりは**市場平均と比べて "有利な条件" でローンを組みやすい（＝不動産で勝ちやすい！）**のです。

※ 年間でいくらの税金を払っていますか？　所得税・住民税・雇用保険・厚生年金・健康保険など、それらの税金が政治・医療でどのような使われ方をしているか、私たち1人1人が興味を持ちましょう。税金の使い道が決まる「投票」には必ず行きましょう。私たちの未来のために。

「超低金利＆フルローン」という特権は日本だけ

【結論】日本の住宅ローン＝良い意味で異常な制度。世界 No.1 の良い条件！

不動産ローンでお金をここまで「好条件」で借りられる国は、世界中を見ても**日本しかありません**。0.5％の超低金利で物件価格の 90％ 近くも大きなローンが組める。**世界で最も恵まれている**でしょう。

私たち庶民にとって、**銀行＝<u>超重要な人生のパートナー</u>**です。味方につけるしかありませんね。ほとんどの日本人がこの嬉しいメリットの存在を知りません。

もし**アメリカで住宅ローンを組むと日本の《20 倍以上》の金利**がかかる。

現金も 30％以上は必要です。つまり、私たち**日本人は不動産を買う天国に**いるのです。日本＝**世界 No.1** の恵まれた国です。

診断 –
あなたの不動産ポテンシャルは？

　あなたの不動産ポテンシャルをチェック！　「社会的信用」を理解し、フル活用しましょう。

【結論】CIC の信用情報を見る。
　個人の信用情報。**過去のクレジットカードの支払い / 滞納の履歴**が見られ

ます。**クレカの滞納＝大損**…。超 NG 行為です。周囲にも「**クレカ滞納だけは絶対にするな**」と呼びかけてください。信用情報は命の次に大事です。

CIC の見方は？：PC で見るほうがオススメです。記号の意味↓↓
・[$]（ドル）と［ - ］（ハイフン）：→おめでとうございます。**滞納なし。**
・[A] と ［P］：→残念…。**滞納ありです**…涙。
　AとPは1〜2個くらいならセーフ。もしAとPが3つ以上あったら、**ほぼローンが組めない**…というセカニチの体感です。3〜5年くらいは待つ必要があります。滞納解消から3年経ったら再チャレンジの価値あり。実際に審査に出してみないと何とも言えません。公式は無いです。気になる人は、希望の物件を決めて、ローンの審査に出しましょう。それと、CIC の信用情報を取得した際の「PDF のダウンロード」「パスワードのメモ」は忘れずに！

※ クレカだけではなく、スマホの**本体代の分割**などでも滞納があると CIC の信用情報に傷がつきます。要は、生活の全ての支払いにおいて**滞納をしない！**と覚えましょう。

※ CIC（信用情報機関）から信用情報を開示する料金：インターネット 500 円、郵送 1500 円です。
www.cic.co.jp

※ 最近では「信用スコア」の開示が開始したことも話題ですね。ぜひ自分のスコアを確認してみてください。

「家賃補助」をどう考える？　いつ家を買う？

【結論】家賃補助制度を正確に把握すべし。

　勤務先によって家賃補助制度はさまざま。例えば、年齢・勤務地・結婚の有無…など。第一歩として、家賃補助の制度を把握し、**住宅ローンをいつ組むか？**等の逆算をしてライフプランを立てましょう。家賃補助が超手厚いなら使い倒すのも良いです。大手飲料メーカーの20代は約6〜7万円 / 月の家賃補助があるそうです。

　家賃補助を全て無視して、住宅ローンで家を買うのもアリです。

　インフレ社会で、「不動産を持つ人」と「不動産を持たない人」の**経済格差が広がりました**。「家賃補助が大きくない会社員は、**今すぐ不動産を買うべきでは？**」と私も考えます。最終的な正解は**あなた次第**。ライフプランや価値観によりますので、最後はご自身で正しい判断をお願いします。

年収別！オススメのローン戦略

【結論】「年収別」で最適な戦略を考えましょう。

◎年収 200 〜 500 万円：「住む用」だけ考えるべし。投資用ローンが組める
としても良い条件ではない→投資用はオススメしません、忘れましょう。

　「現金 1000 万円以上・大きな金融資産がある」…などの資産背景があれば、
信用度がプラスされ、良い投資用ローンが組める可能性もあります（が、あ
まり現実的ではないですね）。

◎年収 500 〜 700 万円：「住む用」と「投資用」は、どちらかしか組めない
と認識すべし。基本的には住宅ローン優先ですね。

　住宅ローンを組まない人（例：実家暮らし・結婚相手が住宅ローンを既に
単独で組んでいる…等）であれば、自分の枠は投資用ローンにして有利な条
件を引っ張るのも良い。

◎年収 700 〜 800 万円：運が良ければ「住む用」と「投資用」どちらも良
い条件で組める可能性も？　運良く 2 軒買えるかは微妙なラインです。住む
用の物件で毎月いくらの総支払額にしたいか？をセカニチに DM してくだ
さい。正しい戦略を一緒に考えていきましょう。

◎年収 800 万円〜：「投資用」も「住む用」も、どちらも不動産ローンを組
める可能性があります。「投資用」でも良い条件でローンを引っ張れる可能
性あり。もちろん「自分が住む用」の住宅ローンが優先ですよ。前述のとおり、
自分のライフプランを逆算しましょう。実家暮らし or 地方在住で都心に「住
む用」を今すぐ必要としない人は、都心＆好立地【＝黄金の立地】に「投資
用」不動産を買う検討をしてください。

　また《勤続 2 年以上》も大きなプラス材料です。勤続年数が長い＝社会
的信用が貯まっている。その信用力は活かすべき。たとえ年収が 1000 万円
の会社員でも、勤務 1 年以下の人は銀行からの信用度は低めなのです…。

まとめ： ☑ CIC の信用情報が綺麗　　☑ 年収 500 万円以上　　☑ 勤続 2 年以上

▶条件を満たしている会社員の皆さま。おめでとうございます。

　銀行から好条件で不動産ローンを引っ張り、**有利に不動産を持てます。**逆に上記 3 点を満たしているのに**不動産ローンを組んでいない方は…？**ショートケーキのイチゴを捨てているのと同じ。もったいない。

退職を考えているあなたへ

【結論】**不動産ローンは会社員のうちに組みましょう。**

　大企業をやめると、社会的信用力は基本的に消えます。大手企業の退職後は有利な条件でローンを組むことは**できません。**会社員の退職前に、ローンを組まずに後悔している友人 / 先輩を何十人も見てきました。**「良い権利」をゴミ箱に捨てないように。**退職を考えている人はご検討ください。

※ 退職が確定した状態で、虚偽の申告でローンを引っ張るのは詐欺にあたります。金融機関への申告は正しく行ってください。

※ 退職後、個人事業主でも住宅ローンならいけます。ただ「必ず自分が住む」前提＋ 3 割近い頭金を求められる可能性もあります。

※ 繰り返しますが、住宅ローンの悪用＝犯罪です。自分が住まない投資用の不動産であれば、在職中＆退職前に投資用ローンで探しましょう。

※ 「転職」は年収が上がるキャリアップであれば、むしろポジティブです。未経験の職種だと不利に見られることもあります。

不動産ローンは「変動」金利？「固定」金利？

【結論】「変動」金利の一択です。

　具体的な理由を多数書きたいのですが、本書ではスペースが足りません。簡単に言うと、**変動金利でも《優遇の幅（割引）》が固定される**ため。変動金利という名前ですが、**金利が大幅に変動する（大幅に上昇する）ことは、現実的に考えにくいからです。**有利な**優遇の幅を一度獲得したら、良い割引**が **35 年後のローン完済まで継続**されます。

※ 「基準金利　適用金利」で画像検索をしてください。

※ 基準金利の決まり方は金融機関によって超バラバラなので、担当者に深く確認をして、正しくご理解ください。短プラ連動・TIBOR 連動…等。

「金利が上がる」＝怖い？
金利上昇の「本当のリスク」とは？

【結論】「日本国が大幅に金利を上げる」→ほぼ不可能と私は考えます。

　簡単に言うと→日本の経済がそもそも強いのか？という根本的な経済力の話です。経済最強アメリカの高金利社会化が、日本でも起きることは現実的に考えられません。

　世界最大の NVIDIA・Apple・Microsoft の「たった 3 社」の合計の時価総額は、日本国内の“全て”の上場企業（約 4000 社）の合計の時価総額を大きく超えます。

　アメリカ 3 社＝1500 兆円 ＞ 日本 4000 社＝1000 兆円。これは衝撃的な比較ですね。

　日本経済が世界的に強くなる＝世界最大の 3 社を大きく超える日本発の企業が誕生するでしょうか？（残念ながら…）

　繰り返しになりますが、日本がアメリカのような高金利社会になることは物理的に考えにくいです。金融系に勤務の方は「国債の利払い費」がいかに日本の大問題か、深く理解していることでしょう。「金利上昇　利払い」で検索をお願いします。

　なぜ変動金利の選択がオススメ？　なぜ大幅に金利を上げるのは難しい？→詳しくは「セカニチ　金利が上がる」で検索をお願いします。

※ note 記事：「金利が上がる」はリスクか？日銀の新総裁によって、不動産の価格は下落する？→【結論】根本は何も変わらない。変動金利はほぼ変動していない

「繰り上げ返済」するべき？

【結論】推奨しません。

　不動産を現金で購入したい方は、会社員・年収 500 万円以上でなくても関

係ありません。現金で繰り上げ返済を考える方も一定数います。

　ただ、「現金が余っている方」は、不動産に多額の現金を投下（繰り上げ返済）するより、アメリカ株等への投資（NISA フル活用等）のほうが、**利益の最大化が狙える**と思います。［セカ本② P.132 ～ 135 参照］

　不動産の良いところ＝**銀行からローンを引っ張れる！**であり、手元の現金を消費して、わざわざ良い面を消すのはもったいないと私は考えます。

《団信》
＝生命保険代わりになる良制度

【結論】非常に良い制度。活用しないと損です。

　団体信用生命保険（団信）：もし自分が亡くなったら不動産ローンの残債が 0 円になり、遺族はタダで不動産（資産）が手に入る。**最強の仕組み**です。

　団信は、例えるなら**超巨大な元気玉**。仮に 5000 万円の物件をフルローンで買ったのに、ローンを組んだ**直後に亡くなる**と仮定します。亡くなったら残りのローンを返すための不動産の運用ができなくなります。**銀行にとっては貸した金が返ってこない**最大のリスクですね。

　そんな時のために**団信**があります。みんなで集めた巨大な元気玉から、残りのローン分を「全額」補填してくれる仕組みです。もしあなたが亡くなっても、残りのローンがゼロになって、遺族には 5000 万円の価値がある“不動産”という資産が残ります。不動産ローンは完済された状態で、遺族には資産がプレゼントされるのです。

　不動産のローンが組める会社員（団信が使える人）は、**民間の生命保険は要らないでしょう。**今すぐ解約 OK。私自身も情弱の 23 歳の時に入った某外資系生命保険は必要なかった…と数年経って気付き、**後悔。**27 歳で全額解約して払い戻しました。解約した結果、**心がとてもスッキリ**しました。
［セカ本① P.117 ～ 120 参照］「高額療養制度」も参考にしてください。

※ 詳しくは「セカニチ　生命保険」で検索してください。
　note 記事：【死の宝くじ】生命保険は要らない。情弱に課せられた第 2 の税金。

保険がマストなものは「火災リスク」

【結論】**不動産オーナーの義務**です。

　私は「（生命）保険は必要ない」と常に言ってますが、不動産購入時に加入がマストの保険があります→**火災保険**。

　条件は各社違うので、補償内容は確認しましょう。全焼が起きた時は？ 半焼は？　正解は無いから比較するのみ。まずは５社の比較からスタート。

　ややこしいのですが**「地震保険」**と**「火災保険」は別モノ**です。私は「地震保険」は入りません。これもまた日々セカニチが発信している保険＝不幸の宝くじの理論です。地震のみで**全壊は考えにくい**のです。※ P.114 参照

※ 詳しくは「セカニチ　保険」で検索してください。

「夫婦でペアローン」
→当たれば勝ちのギャンブル

【結論】**「ギャンブル」**です。

　ペアローン＝人生をかけたフルレバレッジ。勝てば大金を得られます。が、離婚をしたら、手間も費用も税金もかかる・ややこしい・ペアローンを組んだことを後悔する。「離婚しない」という前提なら、**確実にフル活用するべき**でしょう。ただし、日本の離婚率は全体の1/3であり…。あなたが幸福の2/3側になるか、悲しい1/3側になるかの**ギャンブル**でしかありません。

※ 詳しくは「セカニチ　ペアローン」で検索してください。

借金が薄まって得＝インフレ社会
ローン枠は使いきらなきゃ損！

【結論】**インフレが進む前提なら、借りたら借りた分だけ得です。**

　お金の価値が下がる＝借金の価値も下がる。インフレが進むと、借金が多い人ほど**借金の価値が目減り**して**大きく得**になります。

例えば、**夫が単独で住宅ローンをフルで組んでいる場合**、妻も働いて年収500万円を超えているなら、**妻枠で投資用ローンを引っ張る**のも有効です。

現在はインフレ率よりも、株価上昇率よりも、**日本の金利が低すぎるのです**（「逆ざや」で検索）。**最大限の借金＝得**の状況は今後も続くでしょう。

インフレ率 vs 金利や、インフレ率 vs 株価の上昇率を比較して、合理的な選択をしましょう。本書で繰り返している通り、日本のインフレはまだ遅い＝**まだ間に合います**。何をすればいいか、答えは明確ですね。

※ 詳しくは「セカニチ　インフレ　不動産」で検索してください。

「50年ローン」は20代の味方

【結論】50年ローンが使える若い世代には「フル活用」を推奨します。

最近では50年返済が可能な住宅ローンが増えて、若い世代の持家取得の後押し材料になっています。「**35年返済では購入できない価格だが、50年返済なら購入可能になるケース**」が増えています。20代の方、こんなに有利な制度を見逃してはいけません。

50年ローンの流れは今後も増えます。金融機関同士の戦いは熾烈。つまり不動産価格は今後も…！賢明な皆さまにはご理解いただけるでしょう。

「35年ローン」「50年ローン」は【義務】というより【権利】です。あなたのライフプランによって、自宅を都度変えるのも良し。「50年も働き続ける地獄か…」ではなく、途中で売る**選択肢**もあります。買って数年で含み益が出る可能性もあり。「**選択肢**」は常に複数あった方が良いですね。

※ ［参考］マンション価格「都心はバカ高」なのに「20代の持ち家率」が増えている…その「驚きの理由」（マネー現代　講談社）
※ ［参考］Z世代が変える住宅ローンの常識　「フラット50」2.6倍（日本経済新聞）

【自己資金＝必須！】
物件価格の「10％」は現金の用意を

【結論】**最近はフルローンが厳しくなってきています**。

最近、「自己資金（頭金）の不足」をよく聞きます。「好立地」かつ「広い家」かつ「新耐震」の理想を叶えるには予算オーバーしがち。日本はフルローン天国と書きましたが、現金を全く出さない**完全なフルローンは、超〜高年収＆大企業**の会社員にしか許されていません。**手付金（現金）**が出せなければ、良い物件は他の人に取られる。当たり前の話です。「**物件価格の10%は現金を用意**しないと、自分が住む用の不動産は買えない」と想定しましょう。

大手の東急リバブル・三井のリハウスのベテラン営業にも確認しました。「**物件価格の30%は現金が必要だ**」と言う営業担当もいます。融資のハードルは年々上がっているそうです。「**住宅ローンの悪用**」も増えているので銀行は警戒しているそう。

いくらまで借りられる？
（年収倍率）

【結論】年収倍率＝「7倍」を想定すべし。

各銀行が「低金利」の競争をしています。金利0.2%を切るような超低金利の**広告**もある。**しかし！ 審査は厳しい。社会は甘くない。**広告で超低金利を見ても、その低金利ローンは**現実的ではない**ケースも多い。広告・撒き餌に釣られてはいけない。「**たくさんローンを組む**」のは**ハードルが高い**。

「**新築**」の審査が**ユルすぎる**（新築＝悪立地の高値づかみリスクあり）。で、相対的に「**中古**」の審査が**厳しすぎる**ように見えます（P.154 参照）。

中古物件のローン額の年収倍率＝「7倍」の想定を推奨（例：年収600万円 × 7倍＝4200万円がざっくり上限）。運が良ければ「8倍」までは可能性が有る。**足りない分は現金を出す必要がある。**

買いたい中古物件の内装がボロボロの場合も多い。リノベーションを施すが、リノベ費用を「ローンの年収倍率に含める」必要がある。つまり「**リノベ込みで、年収の8倍のローンを組めたらラッキー！**」←この現実を知らない人が多いです。※勤務先や年収によって条件はバラバラです。

「住む用」と「投資用」の
ローンの違い

【結論】まずは有名な金融機関に問い合わせ！

[住む用]：「自分が住む」という前提だから有利な条件でローンが**組みやすい**。
フラット35等を使えば、年収300万円でも住宅ローンが組めます。
「投資用」：**一定のハードルがあります。**

☑ **年収500万円以上**　☑ **勤続2年以上**　☑ **25歳以上**　☑ **会社の規模が
小さすぎない**

…等は**必須**です→当てはまる会社員の方は**好条件**で投資用ローンを引っ張れ
る可能性があります（年収による）。**審査のハードルは厳しい**です。与信が
ある方は、良い枠はフル活用しましょう。

　　▽《**投資用ローン**》銀行の有名どころ
→「**楽天**」「**ジャックス系列：ソニー／イオン／auじぶん／住信SBIネッ
トなど**」「**オリックス**」「**クレディセゾン**」「**セゾンファンデックス系
列：滋賀／関西みらい**」「**SBJ**」「**東京スター**」などをよく聞きます。
他にも、「**イオン住宅ローンサービス**」「**SBI新生アセットファイナ
ンス**」「**きらぼし系列：UI、香川**」、日本各地の信用金庫…など。

《最終奥義》「物件担保ローン」
投資用ローンを増やすために

【結論】**物件価格の4割の現金を出す覚悟＝物件担保ローンという最終奥義**。
物件担保に6割のローンを引っ張る。「物件の価値」を重視して判断する。

　不動産の猛者たちはローンを増やす（＝資産を増やす）戦いをしています。

つまり、これは**物件価格の４割の現金を用意するゲーム**です。現金があればあるほど、投資用ローンを更に引っ張ることができて、**更に資産が増える**。物件担保ローンは、収入や残債だけでなく、資産（保有物件や株や現金など）のポートフォリオも勘案して審査してくれます。

　物件を担保に**価格の６割はローンを引っ張れる**、という選択肢は頭に入れておきましょう。運が良ければ**７割のローンを引っ張れる**かも？

　以下の金融機関は、**不動産の猛者たち**の間でもよく聞きます。

　▽《物件担保ローン（投資用）》有名どころ
　→「アサックス」「SBI エステートファイナンス」「セゾンファンデックス系列：滋賀／関西みらい」「三井住友トラスト・ローン＆ファイナンス」「日本各地の信用金庫」…など。

　もちろん前述の金融機関にも問い合わせてくださいね。

【銀行の評価】は最重要！ 不動産の価格はどう決まる？

【結論】**不動産の価格は「銀行の評価」で決まります**（ほぼ）。

　しかし、銀行→全知全能の神様…ではありません。銀行が物件の価値を正しく評価できず、良い物件に融資をせず、ダメ物件に融資をすることも…実際あります。「銀行は間違えることがある」という認識を。

　住宅ローンを悪用した詐欺のニュースを読むと、**銀行の評価ルールが間違っている**ことも１つの原因でした。市場価格で**900 万円**しか価値がない八王子の不動産に、**2450 万円も融資**をしていました。この**銀行の歪みを詐欺師が悪用しています**。要は、銀行評価＝**神ではない**のです。

※［参考］「情報弱者をだまして借金苦に引きずり込む手口」　住宅ローン「フラット35」の悪用、対策後も被害絶えず（東京新聞／2024 年 6 月 18 日）

　だから、もしあなたの希望の融資が否決になっても落ち込みすぎることは無いです。Ａ銀行とＢ銀行がダメなら、Ｃ銀行に行けば良い。必要なのは問い合わせしまくる**メンタル**です。不動産の融資＝**「営業と交渉」**なのです。

銀行は何を見ている？
評価基準は？（現状の歪み）

　銀行の視点に立つと「**貸した金が返ってこない→大損する**」を気にして当たり前です。つまり**銀行にとって、貸し倒れのリスクが低いか？（自分たちが損をしないか？）**がポイント。

　そのために、**2本の柱**を見ています。

柱①「人」：勤務先・年収・勤続年数を見る。仮に空室が発生しても、数ヶ月間の家賃収入がなくなったとしても、自力でローンを返済する安定収入（＝サラリー）があるか？　だから大企業の会社員で、年収が高い（＝たくさん納税をしている）人が不動産ローンにおいて**最も有利な条件**を勝ち取ることができます。

柱②「物件」：ローンを借りている人が夜逃げをしたら、**物件を取り上げたら良い**。なので銀行は**物件の価値を評価／審査**しています。では、銀行は「物件のどこ」を審査しているのか？→実は…**主に【築年数】を重く**見ています。これが「**歪み**」にあたります。

　銀行の判断軸は「築年数だけ」とは言いませんが、築年数が評価の判断に占める**比重が異常に大きい**です。なぜなら**会計ルールで定められた"耐用年数"で、物件の価値が機械的に計算される**側面があるため。銀行側は「総合的判断」とお決まりのセリフを常に言いますが、私の経験上「築年数が**重要視されすぎている**」と感じています。

・**新築**の評価が**ユルすぎる**（貸しすぎ　／過大評価）
・**中古**の評価が**厳しすぎる**（貸さなすぎ／過小評価）

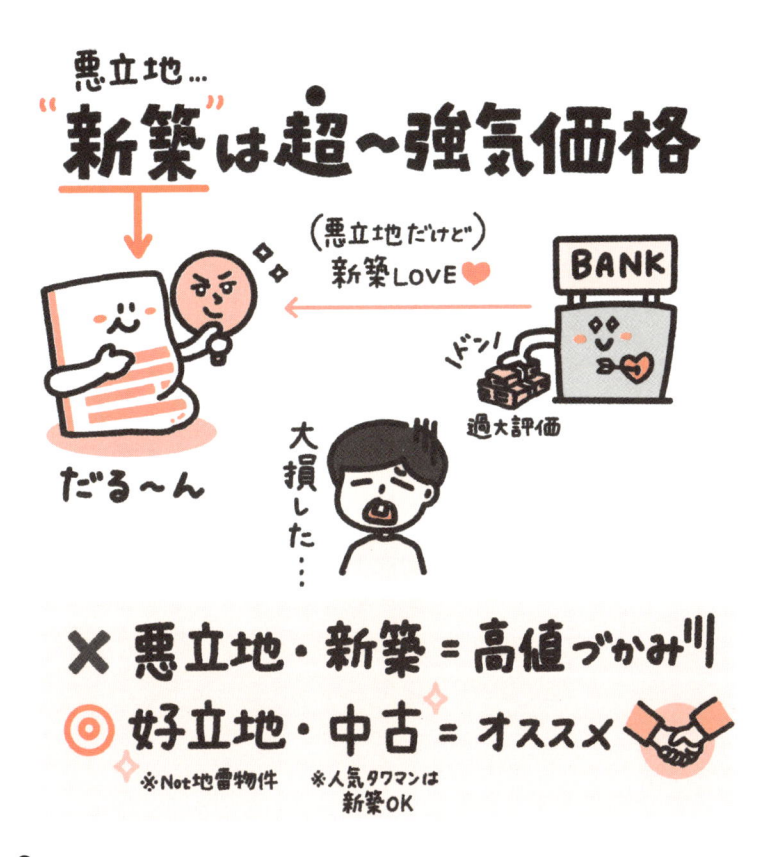

悪立地の新築＝バブルで危険！
なぜ？

△ ダメな立地にある《新築》の物件

◎ 好立地の再開発地にある《中古》の物件

　この2者を比較した際に、前者の△ダメな立地にある**新築物件の方に"だけ"銀行の審査が承認される**ことが起きてしまっています。つまり構造として、新築（＋悪立地）には**高値づかみの危険性**が伴います。

　銀行は「**好立地・再開発地（将来性）**」を正しく理解／評価してくれません。私はいつも憤ります。

なぜこんな歪みが生まれたか？　なぜ築年数重視か？→原因は、**耐用年数**の機械的な計算と、会計上の不動産の価値です。ちょっと説明が長くなるので「**耐用年数 47 年**」「**減価償却**」などで検索をお願いします。

[耐用年数 47 年] とは？：マンション（鉄筋コンクリート）の住宅用物件の場合の法定耐用年数。 毎年減価償却して最終的に 47 年で償却 0 になる計算式が会計で用いられます。しかし、正しく理解しましょう。耐用年数を超える→不動産の価値や性能が落ちると思われがちですが、**耐用年数＝建物の本質的な寿命ではありません**。あくまで「会計上の机上の扱い」とご理解ください。日本の厳しい新耐震基準をクリアした不動産は「100 年以上は建ち続ける」とも言われています。

悪立地の新築は「買った翌日」に中古になり、銀行評価もネガティブな意味で変わります。悪立地は再開発も無いので、経年劣化とともに物件価格は下落します。「**過大評価されていた価値が元の姿に戻る**」という表現のほうが正しいでしょうか。やはり何があっても立地にこだわるべきです。

本来はこの要素を評価するべき（銀行様への提言）

　本来は**総合的な目**で不動産価値の審査をするべき。要は、数多くの要素を見て「需要が有るか？　将来性があるか？」を理解するべき。築年数は要素の 1 つでしかなく、それだけで**不動産の価値を判断するのは間違っています**。

▽不動産価値を測る「総合的な目」の要素は？
例：物件のデザイン性（外観・エントランス・共用部等）・眺望・路線パワー・駅パワー・駅徒歩の距離・再開発の将来性・広さ・間取り・共用部の豊富さ・清掃などの管理状況・家賃相場・築年数・過去の大規模修繕の有無・内装のリノベ有無・バストイレ別・オートロック・宅配ボックス・周囲の商業施設の豊富さ・行政サービスの豊富さ・ハザードマップの濃さ・耐震性・NIMBY 施設の有無・物件内の事故などネガティブ要素の有無…など。

　要素を挙げたらキリがありません。皆さまも賃貸の家を探した時に、さまざまな要素を**総合的に判断**して契約しますよね？
　つまり、立地（再開発の将来性）・デザイン・眺望など、多数の項目を総

「新築」はなぜキケン？ ⚠️

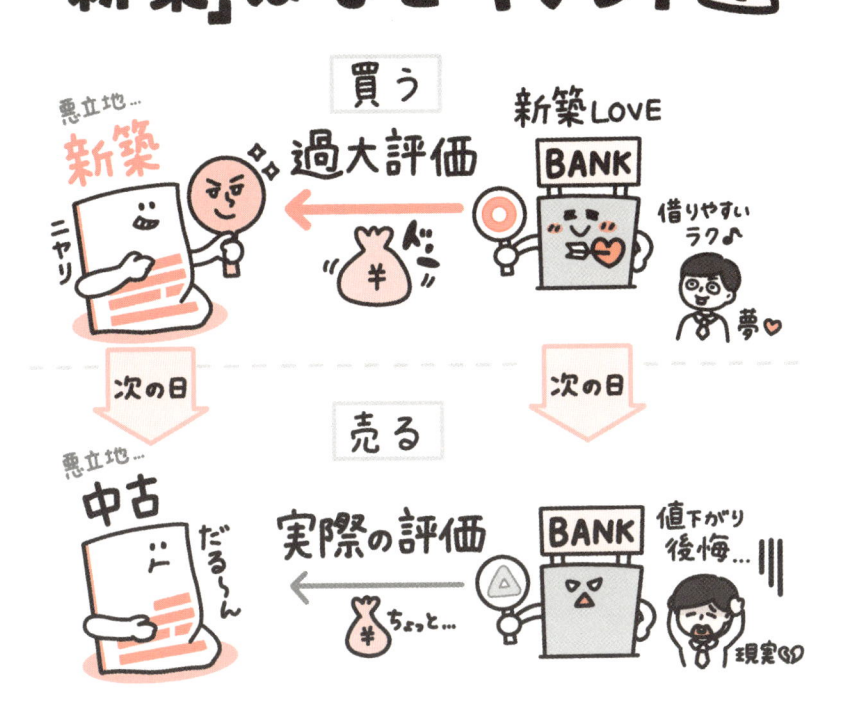

合的に判断して不動産の価値が審査されるべきです。 にもかかわらず、銀行は主に【築年数】を見て判断する傾向がいまだに強い。歪んでいる…。

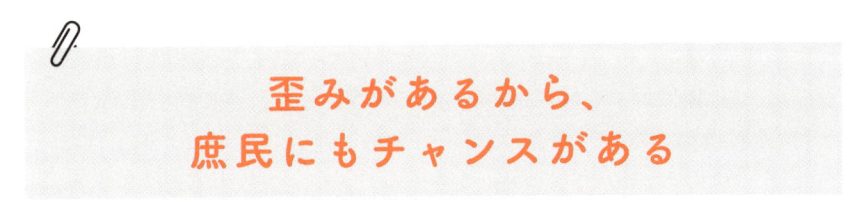

歪みがあるから、庶民にもチャンスがある

「世の中の実際のニーズ」と「銀行の評価ルール」に大きな乖離（かいり）があります。不動産市場全体で需要が大きく価格は上がっている。しかし銀行は変わらない。銀行の評価ルールが間違ったままです。

「中古」というだけで銀行の審査のハードルが上がります。要するにめんどくさいことが増えます。ですが、そのハードルを越えた先に《利益》があ

ると思うべし。融資はメンタル。**歪み＝黄金の羽根**です。

　日本人全員が正しい目を持って、築年数だけではなく、**立地や再開発の将来性**等（＝黄金の土地）を見て、正しい目利きができるようになったら、市場の不動産価格の歪みは無くなります。しかし、日本人全員がそこまで必死になって「物件を見る目を養う」ことは現実では起こり得ません。人間の心は弱いのです。

　つまり、これから先も**市場はずっと歪んだまま**。**知識がある我々にとっては、チャンスしかないのです**。

銀行の評価の見直し ＝大きなチャンス

　「現状」の銀行の評価ルールはおかしい。「今後」必ず見直しが入るはずだとセカニチは考えます。じっくり時間をかけて、評価ルールの見直しがあるかと。もし見直しが入ったら、中古でも【好立地◎】【デザイン◎】【眺望◎】の不動産価値は大きく上がるだろうと私は推測しています。金融機関さまには、将来性を見据えた賢明な判断をお願いしたいです。

「借地権」という手段もアリか？

【結論】借地権に対する銀行評価が変わるのではと私は感じています。
　「**定期借地権（以下、定借）**」＝「70年後に最後は解体して更地に戻す」方式は、基本的にネガ要素ではありますが、近年、**妥協するポイントの1つ**にもなってきました。地価上昇を受けて、事業者が土地を離さない定借のマンションが増えています。

　今後「定借のマンション」は確実に増えます。ホテル用地でも好立地の奪い合いは過熱しており、**好立地**には**余っている土地が無い**ためです。逆に考えると、今まで普通に一般人でも好立地（マンション）が買えていたのが異常だったのでしょう（中国の不動産は全て定借です）。**以前までの当たり前は、**

銀行評価の「見直し」はあるはず

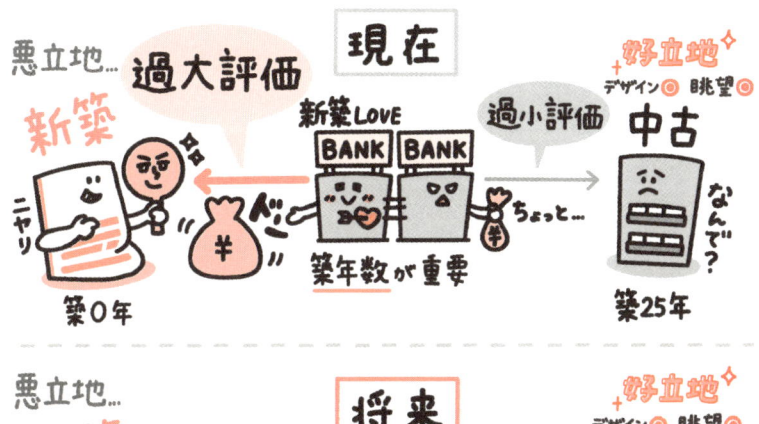

もう戻ってこない。これがインフレ社会の恐ろしさです。

　定借のタワマンへの銀行の評価の見直しが入るのではないか？　評価がもっと上がるのでは？とセカニチは考えます。

　「郊外の所有権」と「都心の定借」、これを比べた時に、**後者の価値／銀行の評価が見直される**時代が来ると私は信じています。「土地の価値」が評価項目として重要視される未来が来るはずです。

例：パークコート渋谷ザ・タワー　2020年に竣工。定期借地期間は、2021〜2093年までの約70年という長期設定。このマンションはホシノアーキテクツ主導によりデザイン性も素晴らしく、**非常に人気**。定借ですが、価格は**2倍以上**になっています。たった**3年**で。要は「こんなに素晴らしい立地／物件に住ませてくれてありがとう！」という人気で値上がりするのです。

※ 記事引用「パークコート渋谷 ザ・タワー」は、渋谷駅から徒歩8分、地上39階建て、全505戸の超高層タワーマンション。70年後に更地にして地主に土地を返却するという「定期借地権物件」だが、当然ながら価格は所有権物件よりかなり割安となる。都心一等地の定期借地権マンションは長期に渡り安定した家賃収入を見込めるという。
[出典]【パークコート渋谷 ザ・タワー】都心一等地の定期借地権マンションは、老後資金形成の秘策⁉ 価格、スペックを分析（ダイヤモンド不動産研究所）

＜今後も定借タワマンは増える＞パークタワー渋谷笹塚 、パークコート青山高樹町 ザ・タワー、リビオシティ文京小石川、リーフシティ市川ザ・タワー、シエリアタワー中之島、ジオタワー大阪十三など。

　定借のため、**価格が安く抑えられています**。安いと思って蓋を開けると、定期借地権。定期借地権は、所有権の80％の価値があると言われていますが、ローンに苦労したり、避ける人も一定数いるのは事実です。

　借地権の物件は、初心者には難易度が高いのが現実です。「絶対にここに住みたいんだ！」という強い意志が有るなら、応援します。

　相対的に、好立地の所有権のマンションの希少価値は上がるでしょう。

　やはり、**いち早く動いた人が果実を手にします**。土地／物件の奪い合いは今後も過熱します。これはある意味、**終わりなき戦い**なのです。皆さまの人生を幸せにする良い不動産との出会いを祈り続けています。

第8章

「不動産購入」の流れ
（住む用＆投資用）

自分が住む家を買うぞ！

　セカニチは 1000 人以上の「**不動産購入の相談**」に乗りました。不動産オタクです。直近 2 年だけでも**都心＆好立地**であれば**ほぼ確実に 10％は値上**がりしています。**+20％**になったケースも多数あります。

例：「5000 万円が 10％値上がり」＝ 含み益が **+500 万円**！

　前述の通り、年収 700 万円の会社員が買った不動産が、**たった 2 年で+500 万円**になった例は**多数**あります。中には **+3000 万円**になった人も。

皆さまは「有利な枠」を持っている！

【復習です】**毎月、多くの納税**をしているなら、皆さまは**有利な枠**を持っています。**優遇された好条件でローンを組めるから不動産で勝ちやすい**。良い枠を使わないだけで、**機会損失・相対的に損**をしています。日本の住宅ローンは**世界 No.1 の良い条件**！　金利 0.5％の超低金利で物件価格の 90％ 近くもローンが組めるのは、**世界で最も恵まれています**。私たち**日本人は不動産を買う天国**にいます。小さな一歩でも行動を。**まだ、間に合います**。

「仲介手数料」は何のため？
→皆さまを助ける「お守り」

　皆さまの人生を守るために、**不動産のワナ**を正しく知りましょう。

解決策は？→ **不動産のプロを味方にすることです**。

　住む用の不動産（中古）を買うと「**仲介手数料**」がかかります。物件価格 400 万円超の場合の **3％+6 万円 + 消費税**が上限額。仮に 5000 万円（税抜）なら **150 万円 +6 万円**が仲介手数料。「156 万円（+ 消費税）って高くないか?!」

と普通は思いますよね。私も最初はそう思っていました（過去形）。

※ 土地：2800 万円（非課税）、建物：2200 万円（課税）とする場合、建物の本体価格＝ 2000 万円、建物の消費税＝ 200 万円、合計：2200 万円。なんと消費税だけで約 200 万円もかかっています！ 高額な出費ですね。「税」を正しく理解することも投資で勝つ秘訣です。

「不動産を買う」＝ "複雑な海" の航海に出ることを意味します。**1 つの判断ミスで人生が狂うような大事故**もあるかもしれません。**不動産は人生で最も高い買い物**だからこそ、小さな事故でもあってはならない。

一方で、"正しい目" を持って**不動産を購入**し、数年後に値上がりして**3000 万円以上も GET している会社員**は実際にたくさんいます。

つまり**皆さまの人生を守り、資産を最大化する**には、1000 軒以上の不動産を見てきた"プロの目利き" が重要になります。皆さまの "人生" という名の船に不動産のプロを乗せることは**必須**です。もし、社員として不動産のプロを雇うなら「年収 1000 万円」でも足りません。

合理的に「○○」を使える制度

【結論】「たった 156 万円 + 消費税」で "安く" 不動産のプロを使える「手数料」の制度は、むしろ経済合理的です。

仲介手数料の上限額＝**物件価格の「3%」+6 万円 + 消費税**。小さなベンチャーでも、1 人社長でも、大手 3 社（東急リバブル・三井のリハウス・野村の仲介＋）でも、**同じ手数料**です。残念ながら「減額の交渉」は基本できません。**住む用の不動産（中古）を買う時に必ずかかる**と認識しましょう。

▼大手の不動産会社

メリット◎：全国に有り、社員数が多い。

デメリット×：担当ガチャのハズレがある。

私が物件を探していた時、**悪い担当にあたりストレスを感じる**ことが何度かありました。探している過程で**退職した担当者**もいました。私は "時間" **という資産を失いました**…。大手＝社員数が多いからこそ、"無気力系の担当者" が一定数存在します。

例：「給料が変わらないし、**ラクしてサボっちゃおう**」「もう辞めるし、**リスクはテキトーに説明しよ**」「早く対応してもボーナス増えないし、**わざとゆっくりやればいいや**」…など。（P.112 参照）

　これは構造的に発生してしまうもので、**避けることはできません**。皆さまの勤務先にも、**無気力系の社員は必ずいますよね？**　それと同じです。

　皆さま、こう思ったことでしょう。
「**同じ仲介手数料を払うなら、誠実で、信頼できて、スピード感のある、"良い担当者"と出会いたい！**」

　当たり前の感覚です。**不動産会社＝一生のパートナー**となります。悪い担当者（ウソつきや、誠実さが無い）になった瞬間に、**自分が大損**します。
　私は**そんな構造を変えたい**と本気で思って、セカニチの発信をしています。
※ 本気で悩んでいる熱量が高い方限定で、セカニチは相談に乗ります。

「仲介手数料ゼロ！」＝良い？

【結論】仲介手数料ゼロ（or 激安）＝不動産のワナ…。
　「**仲介手数料を安く！**」「**手数料ゼロ（or 激安）！**」を謳う不動産会社・インフルエンサー・SNS 広告には気を付けましょう。甘い言葉で釣って「**業者がボロ儲けできるワケアリ地雷物件**」をあなたに押し付ける。買わされたら**大損が確定**…。

　ワケアリ・売れ残り物件だと、ウラからこっそり貰える**報酬＆謝礼**で、不動産会社（**& SNS 発信者**）は儲かる。営業担当やインフルエンサーは、"**良い人のフリ**"をして皆さまに近づきます。買った後に落とし穴 / トラブルに気付きますが、買った後ではもう**手遅れ**…。

　つまり、**プロへの報酬（仲介手数料）をケチる**と、**最終的に大損して痛い目**をみます。まさに"**安物買いの銭失い**"。自分の人生を守るために、正しい知識を持ちましょう。

「住む用」不動産の極意

1. 徹底した比較

高値づかみが最大の敵!!

2. 感情的に愛せるか

長く住みたい？家族で話し合い

3. 銀行は無限

問い合わせしまくる！
最も良い条件の銀行を見つけよう

住む用不動産の極意

①**徹底した比較！　高値づかみが最大の敵！**：「悪立地の新築」は買った瞬間から中古になり価値は暴落し、**掴んだ瞬間に大損**します。ですから、とにかく比較しまくる。**黄金の立地 +Not 地雷物件**を探す。

②**感情的に愛せるか**：自分が住む家＝結婚相手を選ぶ感覚に近い。長く住みたいか？　自分が幸せになれるか？　自分の人生の価値観とマッチしているか？　一緒に住む家族ともしっかり話し合いましょう。

③**銀行は無限**：日本に金融機関は約 900 あります（出典：財務省）。自分に合う＆最も良い条件で融資してくれる銀行が見つかるまで、問い合わせしまくる。**不動産はメンタル勝負**です。

「徹底的な比較」 具体的に何をする？

　自分が住む用の不動産を探すはじめの一歩。まずは3社に問い合わせ/電話をする。私の13年以上の経験から、実績がある仲介大手3社は、**東急リバブル・三井のリハウス・野村の仲介＋**です。

※ 企業案件のPR（アフィリエイト）ではありません。紹介用コードや紹介用URLなどもありません。この3社から宣伝費は1円ももらっていません。
※ 大手ならではのメリットもありますし、もちろんデメリットもあります。(P.112 参照)

　全て担当者次第。担当者のセンスや人間性が良いか悪いかは、くじ運。もし担当者の**センスが悪いなら支店を変更して電話**しましょう。**比較は最低でも5社**。何社問い合わせても、タダ（無料）です。これをサボる人が成功するわけがありません。

　①**提案資料は5社以上から100物件分**をもらいましょう。②**内覧も10軒以上**行きましょう。これら2つを行って、初めてスタートラインに立てます。サボると必ず後悔します。徹底して比較して、最終的に愛せる物件であれば、最後は自分を信じましょう。

　「担当者選びに困っている…」という方は、セカニチにご連絡ください。13年以上も不動産マーケットを見ており、「**都心専門**」「**独立社長**」など、**深い繋がりが複数**あります。**無理な営業・強引な押し売りなど一切無し。**

　紳士で、誠実で、信頼できる不動産会社の皆さまです。ただしセカニチの24時間には**限りがある**ので、私がお力になれるのは**本気度が高い方限定**とさせてください。※エリアは首都圏限定。

最初に送るべき「18項目」

　住む用の不動産を探す、**最初のステップ**。以下の項目を埋めてください。**問い合わせはタダ！** 運命の物件に出会うために、行動あるのみ。

「住む用」の探し方

担当者はクジ運
担当者のセンスが悪い場合もある⚠️

東急リバブル
野村の仲介＋
独立社長
三井のリハウス
都心専門

など

3社以上に連絡 → 対面相談がオススメ！

住む用の不動産で最も大切なことは？

→「ヒアリング」です！ 実は自分のニーズが言語化できていない人がほとんど。**不動産のプロと会話をしていく中で、物件に求める要素が変わっていく人は多い。**ほぼ全員、そういう感じです。なのでご安心を。不動産のプロは、**皆さまの潜在ニーズを引き出す**のが仕事です。

時間 ＝ 資産 ＝ 限りがあります。

　有効な時間の使い方を目指すために、以下「ヒアリング項目」を書いてメールしましょう。面談が効率化されて、より深い話ができて、皆さまが得をします。「おい！　記入する項目が多すぎるだろ！」とセカニチにキレるかもしれません。しかし、全ては皆さまの幸福を最大化するためです。

※ これから書いてもらう項目は、あくまでも面談"前"の情報という認識です。物件を探す過程で、皆さまの価値観は変わるもの。だから心のハードルを上げすぎずに、記入はざっくりでも OK です。

「ヒアリング項目」……………………………………………………………………………………………

■氏名：

■年齢：

■家族構成：

■ペットの有無（or 将来的に飼う予定）：

■勤務会社名：

■勤続年数：

■年収：→前年度の源泉徴収票の額面金額を教えてください。超ざっくりですが中古物件でローンを組める上限は**年収の「7倍」**のイメージ。もしリノベ込みで年収の8倍を組めたらラッキー。公式は無い。

■借入れの有無＆金額：→投資用ローンや自動車のローン…等の残債。

■自己資金：→「頭金ゼロの時代」はほぼ終わり。中古は物件価格の10〜20% は頭金を求められるもの、と想定しましょう。公式は無い。

■毎月の総支払額（幅があって OK。カンツミ込み）：→［例］月 15 〜 18万円のイメージ。**毎月払える金額**を言えば、**物件価格を逆算**できます。管理費・修繕積立金も込み。「カンツミ」と呼びます。［早見表は P.32 参照］

■予算 (例：4000 万円〜 4500 万円)：→最適な戦略を考えます。

■クレカ滞納の有無：→「CIC」で検索してください。（P.141 参照）

■希望エリア：→現時点で明確でなくても OK。ざっくりで OK。

■優先度が「高い」"好"条件：※絶対に譲りたくない要素。

 →［例］広さ◎平米・立地・駅パワー・区ブランド…等

■優先度が「低い」"好"条件：※○○を得るためには、△△を諦めても OK！と思える要素。

 →［例］部屋の中がリノベ済で綺麗であれば廊下などの共用部は古くても問題ない・現在の室内が古くてもリノベ前提なので問題ない・在宅ワーク中心のため部屋の広さを重視したい・駅から 15 分離れていても OK…等

※ 何かを得るには、何かを諦める必要があります。どんな物件にも「欠点」は必ずある。大切なことは「欠点も含めて愛せるか？」です。自分が住む用＝感情が最も大切。

※「完璧な物件」は世の中に存在しない。完璧すぎる＝高すぎて買えない。

■絶対に避けたい"悪"条件：これがあったら 99%買わない要素。「××は不可」という形式で教えてください。

 →［例］旧耐震は**不可**・重度の犬猫アレルギーなのでペット**不可**・オートロッ

ク無しは不可

■**現在の住まいで感じていること**：→皆さまの**現在の価値観**が分かるので、更に効率的に探せるでしょう。

　→［例］通勤ラッシュに慣れたので耐性は有る・出社時間がピークとズレているので通勤ラッシュは問題にならない・赤坂 Biz タワーにドア to ドアで◎◎分以内・山手線の東側 or 西側が好みだ・駅徒歩 10 分は近い！と感じる価値観だ・実家の◎◎駅にも行きやすいように・◎◎線と△△線はなんとなく好きだ・キッチンが狭すぎるのは嫌だ・急な坂道が多いのは嫌だ
…など**要素は無限**にある。**具体的に書くべし。**

■**今まで物件を探した経験（もしあれば）**：

　→［例］他の不動産会社◎◎にも問い合わせた・内覧は◎軒行った・今まで見た中で自分に刺さった物件（資料を添付）・今まで内覧をして感じたこと（ポジ感情 / ネガ感情どちらも必要。価値観が分かるので）

　　　　　　　　　　　　　　　　　　　　　　　　　　　　　　…… 以上です。

▽「ヒアリング項目」

　なるべく丁寧に、具体的に書くとお互いストレス無く、**運命の物件探し**に集中できます。ただし、過剰に心のハードルを上げすぎなくても OK ですよ。多くの方からご連絡を頂いています。ざっくりでも OK です。

こっちは「数千万円の買い物をしてくれるお客様」じゃないの？

<u>不動産の成功のコツ＝【担当者のモチベーション up】</u>

　不動産を買いたい人は無数にいます。コロナ禍を経て、希望者が爆増しました。**良い不動産**を手に入れれば<u>数千万円の利益</u>になるかもしれない。

　だから《良い不動産》＝お願いして買わせていただくもの。人気の都心タワマンは抽選応募殺到で、土下座しても買わせてくれない。これが現実です。

　人気の不動産会社は連絡が殺到しすぎて、<u>担当者は常に疲弊</u>しています。我々庶民は、**不動産会社に頑張ってもらう必要**があります。

良い物件を手に入れるには、**不動産会社の担当者のモチベーションを上げる！**という**努力**が必須になりました。**我々庶民は、お願いする側の立場なのです。この基本スタンスを分かっていない人が本当に多い。**直近3年のインフレ社会で、時代は変わりました。

　人気の不動産会社の現場の担当者は多くの問い合わせに忙殺されており、疲弊気味に。皆さまも1日10人以上の「新規」の問い合わせが入ったら、誰が誰だか覚えられずにパニックになるでしょう。我々は、要望や条件を**分かりやすく適切に伝えないと**覚えてすらもらえません。

　セカニチは1000人以上から相談され、気付いたことがあります。

　厳しすぎる条件を最初に提示してしまい、**担当者のヤル気をそぐパターン。**「**そんな条件を満たす物件は存在しないよ（怒）**」と担当者から思われ、「**ご希望の条件を満たす物件はありません**」と言われて、やりとりが終了するパターン。**これが意外と多い。**もったいなさすぎる…。

　セカニチ的なオススメの依頼方法。自分の条件をメールに記載したうえで「**どのように条件を緩和すれば良い物件と出会えるか、悩んでいます。15分でもオンライン MTG させてもらえませんか？ ご相談させてください**」

　と、依頼すること。これをやらないと「理想」と「現実」のギャップは永遠に開いてしまい、不動産会社からの連絡はフェードアウトして終わりです。いつまでも良い物件に出会うことができません。

※ 駅からの距離。「駅から徒歩5分」を希望条件に挙げる人が多い。その絞り方は間違っています。駅のパワーによるのです。（P.14 参照）

「顧客力」が重要

　不動産会社の担当者も「同じ人間」です。 良い不動産を買うには、担当者のモチベーションを上げることが必須。「人として」がとても大切です。→これを「**# 顧客力**」と呼んでいます。

　不動産の成功のコツは？

　①良い担当者に出会えるか、②担当者のモチベーションを上げられるか。「**今後も付き合っていきたい人間**」と思ってもらえるように。誠実な連絡 / コミュニケーション・熱意を伝えることは必須。 人として大切なこと。

いざ「内覧」へ！
何に気をつけるべき？

＜事前＞できること

☑ **ローンの事前審査**：金融機関発行のエビデンス。相手から求められたら、年収・勤務先・勤続年数・資産背景なども適切に開示する。

☑ **Google マップの確認**：①ストリートビュー→もし道路が太ければ騒音や排気ガスも事前に想像できる。②航空写真→周辺の公園や墓場などの様子が上空からリアルに分かる。公園やお寺の存在にも気付ける。

☑ **「物件名」で Google 検索**：客観的に見て、どんな検索結果が出てくるか？正しく把握する。自分が売る時に後悔しないために。

☑ **本気度が高い場合**：近くのホテルに宿泊（絶対に平日）。夜の雰囲気〜朝の通勤ラッシュの確認。

＜当日＞できること

☑ **日当たり**：東向き「朝」、南向き「昼」、西向き「昼〜夕方」に確認。夏は午後の西向きが暑い、冬は午前の北向きが寒い。

☑ **眺望**：何が見える？　視界に入るものは不快ではないか？　車通りは？　等

☑ **共用部の確認**：エントランス＋ゴミ捨て場＋駐輪場＋周囲を歩く…等

☑ **住んでみての率直な感想**：こちら側が誠実な人間だと思ってもらえたら、さりげなく「住んでいて感じる懸念点」も売主から聞き出せるかも。

　メリットとデメリットは表裏一体であることも。例：**学校のすぐ横**＝△体育の授業中は一時的に騒がしい。◎夜は非常に静かで過ごしやすい。◎学校側の監視カメラもあり、防犯性も安心できる。

　頭に入れるべきことは、他にも多数ありますが、まずはこんな感じです。やはり、**人生は計画性**ですね！　努力あるのみ。

不動産の競争は激化
ハードルは高く、厳しい

　今後も**都心の不動産**の需要は増え続けます。都心の好立地の**奪い合いが激化**しています。正直、**ハードルは高く、厳しい**です。**一生愛せる運命の不動産**と出会えるよう、セカニチと一緒に**正しい努力**をしましょう。

　セカニチも勉強をしたいので、実際に20軒以上の内覧をして、最終的にほぼ決めた物件があったら、**買う前に**ぜひ物件資料を送ってください。私が地雷物件（落とし穴）チェックもできるかもしれません。

最後の決め手＝
「感情的に愛せるか」

【結論】**10軒以上の内覧を重ねて、最後は直感で決める。**

　セカニチ不動産でいつも言っていますが、ひたすら比較したら、「**# 最後は感情**」です。比較＝自信を持つ！ 数多くの内覧あるのみ。

　私は社畜の会社員時代でも、**事前にしっかり段取りを組んで、1日5軒の内覧**にも行っていました。**日々の社畜スキルが初めて活きた瞬間**です笑。皆さまも事前に段取りを組んで効率化するべし。

※「10軒以上も内覧して、一応気に入ったが、まだ不安がある…」という方は特別にセカニチに相談 DM は OK です。ただ、内覧が少ない方にはアドバイスはできません。

▼**住む用（自分が住む）：とても複雑**…。 なぜなら、**実際に住む人の価値観＆感情**が重要だから。セカニチからの独自アドバイスは難しいです。銀行もたくさんあり、**銀行を自分で探す努力**も必要。そして銀行審査を進めている間に「売り主が売るのを止める」「現金で横から奪われる」という経験もして、**萎えます**。これはあるあるです。

　だから住む用は複雑で、重い労力がかかります。「**6ヶ月以上かかるかも**」という**覚悟**が必要。皆さまが**20軒以上の内覧**をして、自分の価値観と合う**物件が見つかる**ことを祈っております。

▼**投資用（人に貸す）**：攻略はカンタン。住む用に加えて「投資用」も探している方へ。年収500万円以上・25歳以上・会社員が対象です。ざっくりですが、**年収の7～8倍は「良い枠」を持っています。**せっかく毎月たくさん納税をしているなら、フル活用しましょう。

**全くの《別競技》です。
「住む用」 ↔ 「投資用」**

◎住む用(住宅ローン)：自分が住む。

◎投資用(投資用ローン)：自分が住まない。

この２つは全く別の競技です！ 野球⚾とサッカー⚽くらい違うもの。ルールや攻略法も異なります。

「どうやったら球を速く飛ばせますか？」と質問されても、それが野球⚾の話なのか、サッカー⚽の話なのか分からなければ、アドバイスはできませんよね。相談 DM/ メールを送っていただける際は、**住む用？投資用？のどちらの話をしているか**、最初に明記してください。

投資用は攻略法が分かりやすくアドバイスしやすいです。要は、**都心＆好立地に買おう（＆地雷物件を避けよう）**。

【タワマン編】利益の最大化＝「好立地タワーマンション」一択

ここからは「タワマン編」（タワーの定義＝ 20 階以上）です。

1 億円を GET できていたかもしれない、爆益のタワマン。もしかしたら数億円を GET できたかも…。

例：パークタワー勝どき、ザ豊海タワー、THE TOKYO TOWERS、勝どきザ・タワー、DEUX TOURS、ブランズタワー豊洲、白金ザスカイ、三田ガーデンヒルズ (低層)、ブランズタワー芝浦、芝浦アイランド、ワールドシティタワーズ、ワールドタワーレジデンス、リビオタワー品川、ザ・パークハウス晴海タワーズ、パークタワー晴海、HARUMI FLAX(SKY DUO)…など。**他にももっとあります。挙げたら無数にあります。**

モデルルーム 1 期 1 次に訪問したのに、不動産オタクの私ですら**価格にビビって買わなかったタワマンが多数あります。結果、数億円の利益を逃している…。その後悔が、今の私を突き動かしています。**

「大規模」は高い価値がある

「戸数の多さ」はマンション（不動産）にとって大きなメリットです。
戸数が多いと何が良いのか？→特筆すべきメリットは 3 点あります。
①共用施設やサービスの充実、②管理費や修繕費が抑えられる、③高層階

の部屋も必然的に増えるので、開放的な眺望を楽しめる。

　　東京のタワマン「総戸数ランキング」を紹介します。特に「中央区」が圧巻。中央区勝どきエリアは、THE TOKYO TOWERS、パークタワー勝どき、DEUX TOURS、HARUMI FLAG 等ができたことで、活気あふれる人気エリアになっています。大規模・高層は今後も強い需要があります。

◎ HARUMI FLAG（晴海フラッグ）【5,632 戸】（東京都中央区晴海 5 丁目）
　SUN VILLAGE 7 棟、PARK VILLAGE 7 棟、SEA VILLAGE 5 棟、PORT VILLAGE 4 棟（賃貸）、SKY DUO 50 階建てのタワマン（2 棟）。2023 年より順次竣工。
　東京オリンピック 2020 の選手村跡地に誕生。東京ドーム約 3.7 個分の敷地内に商業施設、学校、保育施設などが開業。分譲住居棟はなんと 19 棟！

◎ THE TOKYO TOWERS【2,794 戸】（東京都中央区勝どき 6 丁目）
　シータワー 58 階建・ミッドタワー 58 階建 (2 棟)。2008 年竣工。
　東京を代表するメガツインタワーマンション。

◎パークタワー勝どき【2,786 戸】（東京都中央区勝どき 4 丁目）
　ミッド棟 45 階建・サウス棟 58 階建（2 棟）。2023 年竣工。
　勝どき駅直結の商業・住居複合大規模再開発となる街づくり事業「GRAND MARINA TOKYO」。今後「ノース」も新たに建設されます。

◎ワールドシティタワーズ【2,090 戸】（東京都港区港南 4 丁目）
　アクアタワー 40 階建・キャピタルタワー 42 階建・ブリーズタワー 43 階建 (3 棟)。2007 年竣工。
　港南エリアでも随一の戸数を誇る 3 棟の大型マンション。天王州アイルから徒歩 7 分の利便性＋眺望の良さなど、地域のランドマーク的な圧倒的存在。

　　都心＆好立地のエリアに登場する大規模マンションは今後も多数あります。日本人も外国人も、充実した良い家に住みたいという需要が爆発しており、人気の大規模マンションは奪い合いが続きます。

Q. どの部屋を選んだら良い？

▶ ［眺望］はマジで大事です。**眺望＝高級アート作品**。

「建物同士のお見合い」「壁ドン」「墓地 View」「目の前が高速道路」などの眺望が悪い部屋は安い。さすがに値上がり幅は渋くなり、私はオススメしにくいです。※全てを納得した上で買うなら応援。

好立地のタワマンで「眺望の条件が悪すぎる」でなければ、どの部屋を選んでも大きな問題は無い、と私は思います。

超理想は「東京タワー」「レインボーブリッジ」等の、美しいオブジェが見える or 美しい湾 View など。爽やかな朝日・幻想的な夕日…など。まさに《高級アート作品》です。眺望の抜け感があると、不動産価格も上がる。

眺望が良い＆都心タワマンは希少性が高く、今後値段が爆上がりするポテンシャルがあります。だから常に人気で高倍率になります。

タワマンは飽きるのか？→リビングからの景色は最高。空の色、雲の形、雨や風。同じ景色は二度とありません。タワマンの景色に飽きる論争は不毛です。（SNS 投稿より）

抽選の倍率をどう考える？→考えても仕方がない。**倍率はフル無視**することを私はオススメします！　私は今までの人気タワマンの抽選を全てそうしてきました。

Q. 金額はいくらの部屋を選んだら良い？

私は可能な限り攻めます。［年収の 10 倍］がいけるなら攻めます。都市部＆好立地の新築タワマンに関しては、「年収の 10 倍はいけるのでは？」といった声を各所から聞きます。

銀行目線では、**資産性への安心感があるからです**。「**この立地とデザイン性があれば、需要が衰えることは考えられない。不良債権にならない**」と銀行は考えるでしょう。万が一、債務者の延滞が発生したら、銀行は担保設定していた物件を取り上げることができる。もし物件を取り上げることができたら、**銀行が儲かるだろう**、という見込み。「資産性への安心感がある」は不動産を購入する上で最大限、大切な考え方です。

※ 最終的には皆さまの人生プランに合った正しい選択をされてください。

※ 超ワーストケースで手付金10％の放棄も想定しても良いかもしれません。個人的には人気の都心タワマンが大暴落するとは考えにくいですが。郊外タワマンは注意。

「好立地タワマン」への
参戦方法は？

　モデルルーム予約争奪戦（クリック戦争）→面談、モデルルーム見学、申込、抽選、重説、契約、ローン付け、決済など、プロセスは多く、時間がかかります。**ハードモードの覚悟**を決めてください。

　タワマンで災害が起きたらどうなる？→制震や免震なので、むしろ安全。非常電源なども完備されている。

※ 「制震 免震」で検索。逆に、旧耐震物件・ピロティ構造などのほうが何十倍も危険度があります。

※ 「ピロティ構造 地震」で検索を。

　人気タワマンの抽選、「本当に欲しい人」に当選しますように。心から祈ります。セカニチは皆さまの幸せな不動産ライフを応援しています。

※ 推薦note記事：『タワマンは何故こんなに値上がるの？』by マンション好きの外資コンサル(@escapejapan2023)。要素が網羅されており、タワマンを本気で検討している方には必ず読んでいただきたい名作noteです。「タワマン 値上がる」で検索を。

投資用不動産購入の極意
どんな「後悔」がある？

　ここからは、**投資用不動産（人に貸す用）**を説明します。

　ゆうし君は投資用不動産を買いました。 例えば4500万円の物件で説明します。

▽投資用不動産購入の流れ①〜④

① 4500万円の物件を投資用ローンで買う。

②入居者が15万円の家賃を支払い、オーナーは15万円で銀行に返済。

③毎月、オーナーの負債が減っていき、その分が純資産になっていく。**入居者が毎月 15 万円払ってオーナーの貯金を作ってくれている。**

　④仮に 35 年ローンを組んでいたとしたら、**35 年後にはオーナーの負債は 0 になり、手元には 4500 万円で購入した不動産が残る。**

※　あれ？　35 年間で 4500 万円以上を支払ったはずの入居者には何も資産が残っていない…。つまり不動産オーナーゆうし君の代わりに賃貸の入居者がローンを返済してくれていて、ゆうし君は 35 年後にタダで不動産を手に入れられる。

　経年劣化で不動産価格が 4500 万円を下回ることもあるし、<u>再開発や物価上昇</u>によって 4500 万円を大幅に上回ることもあります。

※都心＆好立地であれば不動産価格上昇が狙えますが、簡略化のために無視します。

　でも、このスキームにも**リスク**があります。（ヒント無しで気付いた人は賢い）…分かりましたか？

　唯一にして最大のリスク→**入居者がいない【空室】の状況**です。

　空室を想像すると恐ろしいですね。ただ、思い出してください。皆さまも賃貸物件に住んだことがあると思いますが、《1 ヶ月前の退去予告》がルールでしたね。経験上、**立地が良ければ**、退去予告から 2 週間以内で次の**入居者**が見つかります。

　私の後輩（26 歳）は港区に投資用マンションを持っています。現在の入居者から退去予告を 1 ヶ月前にもらいました。慌てて新規の賃貸募集をかけたところ、<u>たった 3 日</u>で入居者が決定。後輩は「募集した家賃が安すぎたか…。家賃をもっとアップして（＋数万円）募集すればよかった…！」と後悔していました。　※大前提として、彼が保有している投資用の物件は都心＆好立地です。

　つまり、<u>黄金の立地 +Not 地雷物件</u>であれば、どんな物件でも強い需要があります。とにかく**不動産は立地が最重要**。「立地」は後からお金では買えない。ゆうし君の保有物件では空室が一切無く、毎月のローン返済も滞らなかったので 30 年後の 55 歳時点ではほぼ負債がなくなりました。

　更には予定されていた大規模な再開発もあり、不動産価格は上昇。要は、良い立地の物件を買えばその瞬間から正しい＆強い「資産形成」ができるのです。

　ゆうし君と同じように早く（＝ 25 歳）で行動していれば、55 歳の時には不動産だけで純資産が 4500 万円以上も増えています。ゆうし君は真面目なので、不動産だけではなく、25 歳の時点でコツコツと株や投資信託も保有。なんと 55 歳時点の純資産は 2 億円を超えました。もしかしたらアーリーリタイアも狙えるかも？

不動産投資の仕組み

物件オーナー

賃貸の入居者　家賃♦　あなた　返済♪　銀行　BANK

15万円　　　　　15万円

オーナー（あなた）のローンを、入居者が代わりに払っている

リスクは？

空室

唯一にして最大のリスク

家賃　あなた　返済　銀行　BANK

15万円　　15万円

でも大丈夫！

1ヵ月前の退去予告
立地が良ければすぐ埋まる

リスク最小化の物件（＝空室が生まれにくい）を選ぶポイントは？

　繰り返しますが、不動産の最大のリスクは【空室】です。では、空室を避けるために何に気をつけたら良いのでしょうか？

　それは、悪立地（郊外）物件を避けること！

　郊外物件は利回りが高く見えてしまう。そもそも土地が安いので購入金額に対して得られる家賃収入が大きく見えるため、利回りの計算をすると良い投資のように錯覚する。しかし、大きなリスクが。地方ゆえに、退去があった時に、次の新たな入居者を探すのが難しい。退去予告が1ヶ月前にあった

としても、入居者が見つからないリスクが高い。

郊外の1棟アパート投資＝高利回り！という話もよく聞きますが、**高い利回りに飛びつくのは非常に危険な行為です。**

※ そもそも《利回りが高い＝最高》という認識は誤り。利回りはあくまで想定家賃。ウソ家賃の資料を作るのは簡単です。残念ながら、世の中には悪い不動産会社が無数に…。騙されて損するのはあなたです。郊外＝危険と説明があった前半の復習ですね。

一方、「資産価値を最大化させる」が最大の目的であるなら、セカニチが薦めているのは**都心＆好立地のみ**（＋ Not 地雷物件）。

都心＆好立地は需要が強く、価格が上がっており、結果的にスタート時の利回りが低くなってしまう（次ページのイラスト参照）。ただ、物件価格が上がれば全て解決です。そもそも**不動産投資においては、ローリスク・ローリターンを狙うべきでしょう。**コツコツとじっくり時間をかけて育てるのが不動産投資の役割。もしハイリターンが欲しければ、不動産ではなく、信用取引で株の投資をやればいい。※もちろん非推奨。

ハイリターン目当てなら、カジノ・仮想通貨・FX・先物のオプション取引でもやればいい。しかし、**人間はサル**なので、短期の利益を狙うと**100%確実に損する**という話は〔セカ本①〕P.73 に書きました。**カジノ・FX・信用取引には1円も入金しないでください。**

都心＆好立地は 30 年後も 100 年後も需要がなくなりません。時間経過によって、**需要や価値はむしろ高まります。**

つまり**都心＆好立地(＝黄金の立地)＋ Not 地雷物件の不動産を買うこと**ができれば、**不動産投資のリスクは大幅に減らしつつ、将来的に大きな果実が得られる**と私は考えます。

「利回り」は何％が良い？

根本的に、「利回りの概念は無意味だ」と私は感じます。「今」の利回りだけで物件の価値は判断できない時代になりました。**不動産で最も大切な要素**

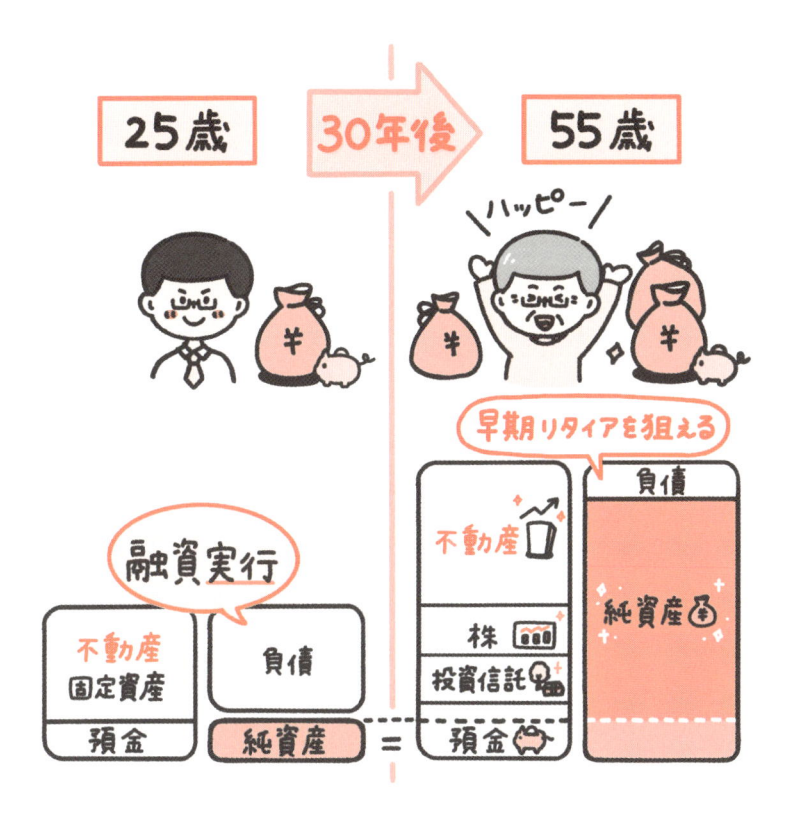

は「将来性」です。※利回りの計算式は「不動産　利回り」で画像検索をお願いします。

Q. なぜ「都心＆好立地」を狙うべき？

A. 都心には再開発があり、将来的に不動産価値が上がるから（右図 参照）。

　立地が良い不動産であれば、社会のインフレに伴い、**時間をかけて家賃収入が上がり**、**時間をかけて利回りも上がります。**

▶「家賃収入」up &「利回り＆収支」up

※ 逆に言うと、目先の「割安」「利回り」に飛びつくと、その不動産には将来性も無く、価格も下がり、収支も悪化して、最後は大損します。だから「立地」「再開発」が超重要です。

　「都心＆好立地の不動産の利回りが、最初は悪く見えてしまう理由」は？「利益の先食い」が発生しているからです。投資対象としての安全性や将来

性が担保されているなら、将来の伸び代も加味して、人気が出て、先に価格が上がっている。ただ、都心＆好立地であれば、先食いの上昇分を加味しても「将来もっと上がる」というのが私の体感です。

まとめると、「不動産は立地が命」、そして「**現在の利回りの数字は、無意味な考え方になっている（将来性が最重要）**」ということです。

投資用不動産の
具体的なステップ紹介

理想の投資用不動産を手に入れる！　主なステップは4つ。

①**業者選び**→②**業者の得意領域＆自分の方向性**を見極め→③**物件を決める**→④**銀行審査**。では、順番に解説していきます。

ステップ①業者選び

「業者を見つけるために Google 検索を…」→お待ちください！

第3章（P.59 参照）で「再開発の情報は無料で見つかる。Google 画像検索を！」と言いましたが、**不動産業者を探す＝ Google 検索は NG**。

なぜか？　Google 検索では、**多額の広告費を投下している不動産業者が上位表示されているため**。広告費で 100 万円をかけて、営業担当の成約インセンティブに 100 万円をかけても、**情報弱者から《500 万円》の利益をぶんどれば、元がとれる＝コスパが良い**。Google 検索は**情弱をカモにしたゴキブリホイホイ・狩り場**です。あなたが無装備のまま突っ込むのは危険です。

不動産業者の営業担当あるある！　ダメな営業担当の見分け方！　イラスト化しました（P.185 参照）。不動産の営業にはさまざまなタイプがいます。

ホストのようなチャラい馴れ馴れしいタイプ・ゴリマッチョ＆ゴリ押しタイプ・カラ元気でなんでもやると言いながら何もしないタイプ…など。要は「徹底的な比較」を頑張りましょう！

ステップ②業者の得意領域＆自分の方向性を見極める

なぜ立地にこだわる？

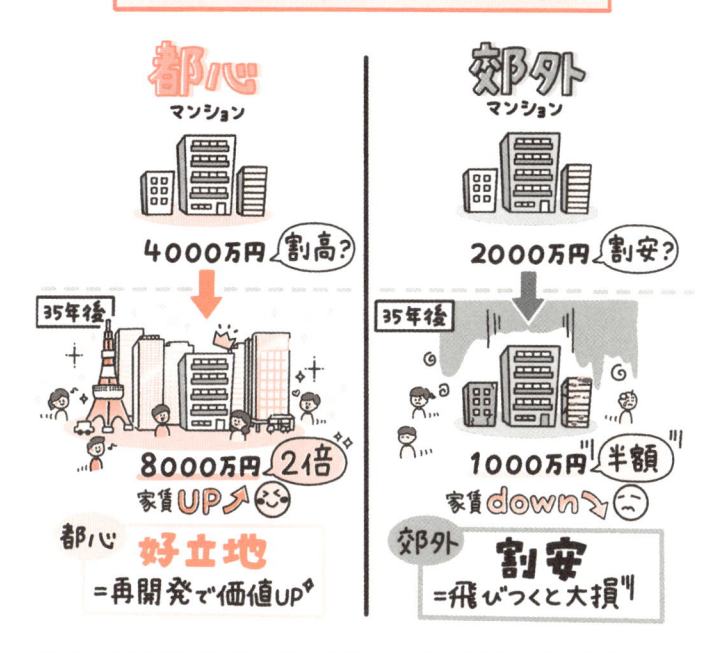

都心 マンション

4000万円 割高？

35年後

8000万円 2倍
家賃UP↗ 😊

都心 **好立地**
＝再開発で価値UP↑

郊外 マンション

2000万円 割安？

35年後

1000万円 半額
家賃down↘ 😞

郊外 **割安**
＝飛びつくと大損‼

利回り高？ 収支〇？ をつかむと…

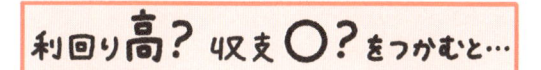

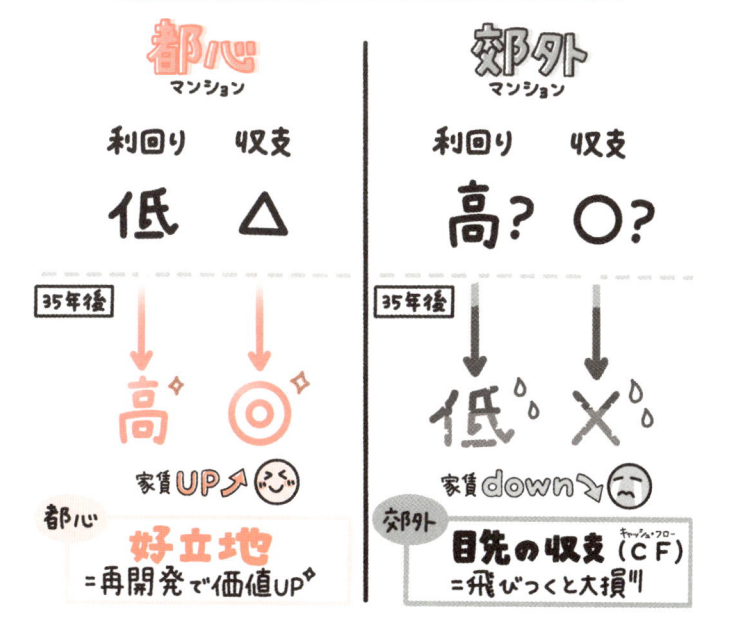

都心 マンション

利回り　収支

低　△

35年後

高　◎
家賃UP↗ 😊

都心 **好立地**
＝再開発で価値UP↑

郊外 マンション

利回り　収支

高？　〇？

35年後

低　✕
家賃down↘ 😞

郊外 **目先の収支（CF）** キャッシュ・フロー
＝飛びつくと大損‼

不動産投資はすごく複雑であり、得意領域も多種多様。都心専門・アパート専門・中古専門・地方専門…など。不動産会社は無数にあります。自分の人生の方向性と照らし合わせましょう。前述のとおり、郊外／地方の1棟モノのアパート投資は一般会社員にはオススメしません。

オススメの方法は？　「**努力家の友人**」に依頼し、**協力者**になってもらうこと。努力家の友人は**必ず複数社を比較**しているでしょう。そして信頼できるパートナーを紹介してもらうこと。不動産業者の視点でも、**信頼できる顧客から紹介してもらった顧客候補**と連絡を取るのは背筋がピンと張ります。

もちろん、紹介してもらったからといって、あなたが思考停止するのはNG です。常に「比較」は必須。良い物件を見つけるには、複数業者の提案をもらい続けて比較しまくるしか正解が無いのです。

ステップ③物件を決める

物件を決める流れは以下の4つ。

1. **調べる**：各不動産会社から提案資料をもらう！　**最低5社から100物件**の資料をもらう。**とにかく比較**。タダでできる比較をサボる人は成功しません。

2. **検索する**：街の再開発や、その地域の特色や、口コミをチェック！ Google 検索をしまくる。再開発の情報は無料で公開されています。

3. **質問する**：どんな人が住んでいるのか？　エリアの特徴・物件のネガティブな部分は？など、気になる点があれば質問を。質問をはぐらかす＆逃げる営業担当は、ダメ不動産業者で確定です。**良い営業担当はネガ要素も隠さずに誠実に教えてくれます。ネガ要素があるとその分、価格がお得になって割安物件になる可能性**もあり、100％悪いことではありません。

4. **見に行く**：「**自分ならそこに住みたいか？**」と、不動産を見に行って自分の目で立地を確かめる。**物件の周辺を見ずに、営業担当にのせられてノールックで不動産をホイホイ買う大企業の会社員が多すぎます。美味しいカモとして食べられて終わりでしょう。騙されないでください。**

不動産投資の流れ

① 業者選び

×Google検索は**NG**

ゴキブリホイホイ

② 方向性を決める

業者の得意領域
＆
自分の方向性を見極める

③ 物件を決める

とにかく比較！
サボったら損する

比較＝タダ

④ 銀行審査

＼CICを見る／
クレカ滞納は**NG**

死

BANK

　　ただ、地方に住んでいる人が「都心＆好立地に不動産を持ちたい」と思った場合、何度も東京に来るのは交通費と時間の無駄だと思います。

【オススメの確認方法】Google ストリートビューが発達しています。セカニチのフォロワーさん（男性・27歳）は、生まれ＆育ち＆現居住が全て "大阪" でしたが、Google ストリートビューのみの**オンライン散歩**で、港区・六本木の 4000 万円の投資用不動産を購入。都心の好立地に買えて幸福そうでした。便利な時代ですね。

※ 「先輩から紹介された不動産会社、先輩の圧力で断りづらくて…」という若手も多い。私がいた博報堂でも頻繁にその声を聞いた。電通もテレビ局も若手から高年収なので、同様にカモられていた。が、それを強い気持ちで断らないと、買った瞬間に 500 万円も損する物件を掴まされる。たとえ会社の先輩からオススメされても、ダメ物件だと思ったら強い気持ちで断ること。

※ それでも会社の先輩にゴリ押しされたら？　その先輩は裏で 100 〜 200 万円近い紹介料を受け取っています。あなたはカモにされています。そんな先輩との関係は今すぐ捨てよう。どんな時も強気で生きよう。社会人として成功するコツです。

上記の手順を徹底し、不動産業者を比べる。最低でも20件は提案資料を見てほしいです！ 比較はタダ。徹底的な比較をしたなら…、# 最後は感情。必ず自分の意思で決める！　**全力で比較検討したなら自分を信じましょう。**

ステップ ④銀行審査

【復習です】銀行は《人》と《物件》を両方見て審査します。融資はメンタル勝負。そして、クレカの滞納は絶対にNG。

年収8倍の住宅ローンあり。
追加で投資用ローンを組める？

　ハードルが高いです。普通だと、「無理」です。銀行から「資産背景」を確実に聞かれます。①絶対に売りたくない範囲の資産（現金・株・NISA・iDeCo・暗号通貨…等）②投資用不動産を買う上で、拠出しても良い範囲の現金。こちらの2点教えてください。

　場合によっては「物件価格の3割の現金」を求められる可能性も高いです。現金をほぼ出さないフルローンは95％無理です。残りの5％は、数億円の資産を現時点で保有している、などですね。

　某銀行であれば、物件によりますが、無担保ローンも駆使すれば可能性があります。下記の条件を満たしていると優遇される可能性ありです。

→年収700万円以上・30歳以上・勤続5年以上・勤務先が良い（会社員／公務員／士業）・（既存の保有投資物件があれば）収支プラスであること（家賃－ローン返済）。

　既存借入があっても審査の土台にのります。住宅ローンがあっても関係ないケースも。これらは「属性が良い」という大前提のローンです。

失敗する人・成功する人

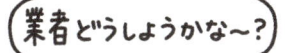

業者どうしようかな〜？

\不動産を持っている/

友人　　友人

先輩

営業担当あるある

若いうちに始めよ
チャライ
ホスト・キャバみたい
馴れ馴れしい…。

営業1位！
ゴリマッチョ
起業している
やたら、日焼け

なんでもやります
カラ元気
目がこわい
ノルマがキツそう

失敗する人 ## ダメな業者の見分け方

1.営業うざい

セミナー無料
ギフト券（ポイント）
うるさいな
♪ライン♪
電話　ライン
SNS/広告など

2.節税話...

できますよ！
不動産会社
脱税？
怪しい...

3.契約を迫る

売れちゃう！
二度と出てこないよ
いま決めて！

成功する人

ホッ！

信頼できる人から
紹介してもらう

努力家の友人

どうも
不動産会社

「信頼できる不動産会社」とは？

不動産で最も大切なことは？ ▷ 《信頼できるパートナー選び》

残念ながら**悪い不動産会社**はたくさん…。「ウソをつく」「悪い条件があるけど、黙っておく」という悪質な手法ができてしまう。

不動産はブラックボックスな業界だからです（価格＝言い値。取引履歴もほぼ公開されない）。**買った後に悪い条件に気付いてももう手遅れ**。だから、**買う前に良いパートナーと出会えるか**が最重要なのです。

皆さまの人生を守り、**資産を最大化する**には、1000 軒以上の不動産を見てきたプロの"目利き"が重要になります。**長い伝統と歴史がある大手の不動産会社**。"プロの目利き"に自信があるからこそ、**高額なギフト券を配って釣る**…等の邪道な営業手法を一切しません。だからセカニチは信頼しています。

担当者は、不動産投資の「リスク」「懸念点」というネガ要素も誠実に説明してくれます。例：設備の老朽化・退去リスク・毎年の固定資産税…など。メリット（甘い話）だけではなく、「急な出費が発生するリスク」も丁寧に教えてくれる。不動産＝長期間の資産だから「**この会社なら誠実で信頼できる！**」そう思わせてくれました。

不動産を探している方に朗報

私は **10 年間で 40 社以上の不動産会社**の営業担当者に会って、徹底的に**比較**をしました。

「投資用を探しているが、駅パワーも弱いし、ダメ業者ばかりで…」と困っている人がいたら、本書の読者限定で相談に乗ります。　※セカニチが相談に乗れるのは、年収 500 万円以上の会社員 / 公務員に限定させてください。

　投資用マンションを買いたい方は、騙されていないか必ず気を付けてください。**複数社を比較する**しか解決策はありません。不安を抱えている方は契約前に私に投資用物件の資料を送ってください。客観的な意見を申し上げます。

　不動産は買った瞬間に勝負が決まるので、買ってからでは手遅れです。SNS の DM（主に X・Instagram・公式 LINE）、または SNS をやってない方は E メールでお送りください。

yuki.minami@koru-workers.com

　不動産に悩んでいる方は、本書の内容の他にもたくさんの質問／悩みを抱くと思います。残念ながら本書だけでは文字数が足りません。「セカニチ不動産」で検索をしていただくと、たくさんの解説記事が出てきます。

　全て無料で公開しています。不動産で大損を避けるためにも必ず読んでください。

※記事に加えて映像と音声でも学びたい方は「Schoo　セカニチ」で検索していただくと、不動産関連の 90 分間の授業が何本も公開されています。スマホアプリで 1.4 倍速にしながらサクサク学ぶことができます。たった約 1000 円の投資で、35 年後の数千万円の利益に繋げていただけたら幸いです。

Q. なぜこの本を書いた？

→皆さまから、**毎週 10 人以上**も不動産の相談をいただくため。セカニチの信念は「**正しい知識を広めたい**」「**騙されて損する人を減らしたい**」です。**特定の 1 社を押し付けたりしません。**あくまでも『**比較の 1 社**』として参考に。

　健全な比較によって、皆さまが幸福な不動産ライフを歩めることを本気で願っています。

・ おわりに ・

「不動産で失敗する人」とは、どんな人でしょうか？
答 ▶ 「何もしない人」です。（P.22 参照）

　歴史的な円安（通貨安）の進行で、**物価上昇**は収まる気配がありません。生活費（食費・水光熱費など）・家賃（賃貸）も上がり、**増税の波も止まる見込みは無し**。社会保険料の急上昇、消費税も上がり続けてきました。なのに、私たちの給料は上がらない。**なんと絶望的な状況か。**

　給料の 20% 以上が税金で引かれ、20% が家賃の支払いだとしたら、あなたの木曜日と金曜日は、国と他人のために働いていることになります。他人の借金を返すために働いている⁉　それでいいのでしょうか。家賃を支払う側ではなく、家賃を受け取る側になるべきでしょう。まだ間に合います。

※「何もしない」選択により、「機会損失」で何千万円も失っている日本の会社員は無数にいます。将来的なインフレ進行はほぼ確定であり、つまり「行動しない」＝最もハイリスクで危険な選択となっています。

　資本主義経済というゲームの王道の勝ち方は？ ▶ ローンを引っ張れるだけ引っ張ること。お金をできるだけ借り、**経済が強い海外の資産に変換する**。都心 & 好立地のマンションは、外国人が好むデザイン性の高い住宅であれば、**実質的に海外の資産**とも呼べます。不動産を買うことは経済の王道なのです。

　今の日本の政治／経済は異常です。政府や日銀の暴走は止まらず、**問題の先送り**のために低金利が継続されています。高金利にするには根本的な強い産業／経済が必要ですが、日本経済にそんな底力は残されていません。

　結果、起こることは**国力の低下、通貨価値の下落**です。1 ドル＝ 500 円の**超円安時代**も現実的に起こるかもしれません。もし国の経済が行き詰まったら、**戦争**が引き起こされてしまうことは歴史が証明しています。私たち現役世代／子ども世代を、悲惨な戦争に巻き込んで良いはずが無い。我々は自分の力で立ち上がり、**自分の行動で正しく対策をする必要**があります。

　家を探すのはとっても体力を使います。忘れてはならない最重要事項は、「幸福に生きる」こと。不動産は結婚と似ています。相手は唯一無二。不安

になることもありますが、誰しもが困難を経験し、乗り越えています。

　人生は「準備」が最重要。セカニチの8年にわたるプロジェクト、2025年には高輪ゲートウェイシティが開業します。この日を見越して、私は2017年に不動産を仕込みました。だから、本書も「不動産」をテーマに仕込みました。第3章の再開発マップだけでも**制作に数百時間**かかっており、セカニチとゆんさんの汗と涙の結晶をご活用いただけたら幸いです。良い反響があれば、不動産の続編も出版できます。Amazon/楽天のレビューを記入いただけると我々は泣いて喜びます。記入したらDMで教えてください。全力で感謝をお伝えします。

　不動産はメンタル勝負。今頑張れば、一生ラクになります。Time is money。過去に戻るタイムマシンは無い。休んでいる場合ではありません。最後は「気合い」です。ぜひ本書を定期的に読み返して、**心のガソリンを注入し続けてください**。不動産は、人生において、より大切なこと（自分が大事にしたいこと）に集中させてくれるものだと私は感じています。

　セカニチは皆さまの人生の味方です。より幸福な人生に繋がりますように。皆さまの幸せな不動産ライフを応援しています(^^)。

　不動産を愛してやまない有識者／不動産関連会社の勤務者／投資家／SNS発信者／不動産オーナーたちから無償で多くのアドバイスを頂戴して、本書が仕上がりました。皆さまのおかげで一生残る良い作品が完成しました。心より感謝を申し上げます。　　南 祐貴（セカニチ）

【協力者の皆さま（五十音順・敬称略）】色白くん・会計侍・がじゅまる・くらげ・港南さん・札幌タワマンくん・JJ・収益マンションソムリエ・しょくぱん・すんで埼玉・セカニチ見るぞー・造力総合法律事務所・たいち・たくたく・たくし・タツギブソン・たまこ・田町おじさん・TOWERZ・ちっちゃいおっさん・月島おじ・積立てるぞう・Takeoffer会計事務所・デベっち・デベリーマン・TERASS・とし・ドフラミン子・西荻窪おねえさん・のんでん・半導体王子・プロシティ・ほしまる・まつはる・マンション好きの外資コンサル・マンショニアン・ミナ・みかみ・むさこボーイ・ラーメンすするぞー・リビ品くん・Lee Tenki・レベロ …他多数。
そして、客観的で的確なアドバイスを頂戴した亀井さん（編集担当）、別府さん（装丁＆本文デザイン）、ゆんさん（全イラスト）。シリーズ3作品目となる本書でも、多大なるご協力をありがとうございました。
【監修】本文表現など宅建業法的に問題がないか確認していただきました。
①株式会社日本財託管理サービス：宅地建物取引業 東京都知事 (5) 第78866号
②株式会社日本財託：宅地建物取引業 東京都知事 (2) 第101570号
③株式会社WEGDIH：宅地建物取引業東京都知事 (1) 第109308号

最新情報は各種 SNS をフォローください！

　皆さまが自由な人生を歩めるよう、本書では厳選したオススメ情報をお届けしました。各情報は今後アップデート / 変更が入る可能性もあります。常に最新情報を得たい方はセカニチの各種 SNS フォローをお願いします。

　今後も社会にとって有益で誠実な発信を心がけます。

● X：@sekanichi_f（不動産）

● X：@sekanichi__

● Instagram：@sekanichi__

● 公式 LINE：@sekanichi

● note：全ての記事を無料公開中！

● YouTube：セカニチお金の道場

　本書で印象に残った言葉があれば ＃セカ本３　＃不動産投資をぶっちゃけます‼ の２つのハッシュタグを付けて SNS に投稿してください。 必ず拝見しに行きます。２〜３行でも本の感想をいただけると私たちの心のガソリンになります。

　質問や相談も大歓迎です。 一緒に皆さまの悩みを解決していきましょう。

　SNS の DM が最も返答率が高いですが、「セカニチにどうしても相談があるけど SNS をやっていない…」という方は E メールをお送りください。お仕事依頼は E メールでお願いします。

　E-mail: yuki.minami@koru-workers.com　南 祐貴 (セカニチ)

[著者]

南 祐貴（セカニチ）
みなみ ゆうき

Koru-workers株式会社代表取締役。1989年東京都調布市生まれ。2012年に大手広告代理店に入社。約6年勤めて、自由になるため退職・起業。経済作家／SNS発信者（総フォロワー数は10万人超）／新聞PR大使などとして活動中。経済や投資をわかりやすく解説する「#世界最速で日経新聞を解説する男（セカニチ）」では就活・資産運用・不動産セミナーにて満足度90%を超える人気講師。年間のセミナー視聴者数は延べ5万人以上。全SNSの動画は合計5000万再生以上。不動産マニア・再開発マニアであり、28歳までに不動産の購入3回、売却1回、リノベ3回を経験。東京都心の再開発はほぼ全て頭に入っており、高輪ゲートウェイ〜品川エリアに2017年から注目。

●X：@sekanichi_f（不動産）
●X：@sekanichi__（株など）
●Instagram：@sekanichi__
●公式LINE：@sekanichi
●note：sekanichifudosan（不動産）
●YouTube：セカニチお金の道場

※本書は情報提供を目的としております。不動産投資に関する情報の利用は読者自身のご判断で行ってください。本書を利用したことによって生じたあらゆる損害については、全て読者自身が責任を負うものとし、著者および小社はいかなる責任も負わないものとします。

業者じゃないからここまで書けた！

不動産投資をぶっちゃけます!!

2025年3月25日　第1刷発行

著　者──南 祐貴（セカニチ）
発行所──ダイヤモンド社
　　　　　〒150-8409　東京都渋谷区神宮前6-12-17
　　　　　https://www.diamond.co.jp/
　　　　　電話／03-5778-7233（編集）　03-5778-7240（販売）
イラスト──ゆん
装丁・本文デザイン─別府 拓（Q.design）
DTP────G.B. Design House
校正────鴎来堂
製作進行──ダイヤモンド・グラフィック社
印刷────三松堂
製本────ブックアート
編集担当──亀井史夫（kamei@diamond.co.jp）